作者简介

胡德宝 1981年生，中国人民大学商学院经济学博士，管理学博士后。现为中国人民大学国际学院副教授、硕士生导师，中国人民大学国家发展与战略研究院兼职研究员。2007年8月至2008年7月公派到美国佐治亚理工大学访问研究1年。主要研究方向为产业经济学、金融风险管理等。近年来，主持国家及省部级课题2项，作为骨干成员参与了包括国家社会科学基金重大和重点课题在内的国家级课题6项和多项横向委托课题。在《金融研究》、《中国软科学》、《国际金融研究》等权威及核心期刊发表论文30余篇，编著书籍5部。

苏基溶 1981年生，湖南大学经济与贸易学院经济学博士。现供职于中国人民银行广州分行。主要研究方向为金融改革与开放、金融规划等。近年来，在《金融研究》、《国际金融研究》等权威及核心期刊发表论文10余篇。

本书获得中国人民大学国家发展与战略研究院暑期调研项目资助

金融发展与反贫困：来自中国的理论与实践

胡德宝　苏基溶◎著

人民日报学术文库

人民日报出版社

图书在版编目（CIP）数据

金融发展与反贫困：来自中国的理论与实践／胡德宝，苏基溶
著 .—北京：人民日报出版社，2017.3
ISBN 978 - 7 - 5115 - 4523 - 7

Ⅰ.①金… Ⅱ.①胡…②苏… Ⅲ.①金融事业—经济发展—
研究—中国②金融支持—影响—扶贫—研究—中国 Ⅳ.①F832
②F124.7

中国版本图书馆 CIP 数据核字（2017）第 032402 号

书　　名：**金融发展与反贫困：来自中国的理论与实践**
著　　者：胡德宝　苏基溶

出 版 人：董　伟
责任编辑：宋　娜
封面设计：中联学林

出版发行：人民日报出版社

社　　址：北京金台西路 2 号
邮政编码：100733
发行热线：（010）65369509　65369527　65369846　65363528
邮购热线：（010）65369530　65363527
编辑热线：（010）65369521
网　　址：www. peopledailypress. com
经　　销：新华书店
印　　刷：北京欣睿虹彩印刷有限公司

开　　本：710mm×1000mm　1/16
字　　数：167 千字
印　　张：13
印　　次：2017 年 4 月第 1 版　　2017 年 4 月第 1 次印刷

书　　号：ISBN 978 - 7 - 5115 - 4523 - 7
定　　价：68.00 元

序

贫困，作为一种社会物质生活和精神生活贫乏的社会现象，几千年来一直困扰着人类的发展，各国政府也从未放弃与之斗争的努力，从而有了各种各样的反贫困手段。例如，通过移民、转移支付、科技、对口帮扶等手段来扶贫。然而，在众多的方式中，人们发现金融对反贫困的作用越来越大，效果越来越明显。金融对反贫困的机理、效率、制度安排等成为近年来理论界和实践领域关注的热点话题。

孟加拉国经济学家、孟加拉乡村银行（Grameen Bank）的创始人，有"穷人的银行家"之称的穆罕默德·尤努斯（Muhammad Yunus）开创和发展了"微额贷款"的服务，专门提供给因贫穷而无法获得传统银行贷款的创业者，其中96%是妇女。2006年，他与孟加拉乡村银行共同获得诺贝尔和平奖，将金融对反贫困的实践推向了一个高潮。

中国作为一个发展中大国，贫困问题仍然十分严峻。按照中国的贫困标准，截至2015年底，中国仍有8200多万的贫困人口。如果按照世界标准，这个基数就更加庞大。"十八大"以来，新一届领导集体更加重视反贫困尤其是农村人口脱贫问题，中国的反贫困工作驶入了快车道。而且，政府非常重视金融的扶贫作用。2016 年 3 月 16 日，中国人民银行、国家发展改革委、财政部、中国银监会、中国证监会、中国保监会、国务院扶贫开发领导小组办公室联合印发《关于金融助推脱贫攻坚的实施意见》，进一步突出了金融对扶贫的重要作用。

事实上，很长一段时期内，金融与贫困及经济增长的相关性研究是经济学和金融学领域关注的重点话题。二十世纪中期以来，金融发展与经济增长的关系研究又重新在全球范围内引起了普遍关注。尤其是 20 世纪 80 年代末以来，许多经济学家利用内生增长模型的框架研究了金融发展的增长效应，在理论和经验研究上取得了重大的进展。金融发展对资本积累与经济增长具有极其重要的作用，发育良好的金融市场以及畅通无阻的传导机制有利于储蓄的增加以及储蓄向投资的有效转化，进而推动资本积累、技术进步和长期经济增长。这一点在中国 30 多年的经济高速增长中表现得非常明显。

30 多年来，中国的经济发展阶段也是一个经济转型的过程，在金融领域同样如此。改革开放以来，中国的隐性税收机制逐步瓦解，为了支持渐进式改革，金融部门承担了改革的成本，动员性扩张型金融发展模式取代了财政投资的主导地位，通过金融支持政策为公有经济部门融资，支撑了经济高速增长。随着金融改革的深入，市场约束机制发生改变，利率市场化等政策加剧了金融机构的竞争压力和利益导向，金融支持政策成本增加的同时收益却在下降，金融风险不断积累。随着干中学经济增长源泉逐步枯竭，需要引入技术进步的增长源泉。技术进步并非由社会总投资规模决定，而是取决于金融体系的资本配置效率。因此，中国金融体系的功能需要转变，逐步从数量型扩张向市场配置转型，中国农村金融的发展史就论证了这一点。金融扶贫在这一背景下有了更多的约束，不是简单地向贫困群体"输血",而要注重收益和可持续性。

　　基于 Romer (1990) 中间投入品种类扩张型的内生增长模型,本书把金融部门纳入到内生增长模型,同时考察了金融部门通过提高研发的产出效率和技术吸收能力,从而促进技术进步和经济增长的作用,通过推理得到稳态经济增长率依赖于金融发展水平这一关键结论。金融发展通过直接为研发融资和提高技术吸收能力两种机制,从而提高了研发的产出水平和经济增长率。本书进一步用中国1998～2014 年的省级面板数据检验了金融体系促进增长的机制,发现金融发展通过研发促进增长的作用并不明显,但是提高了对国外技术的吸收能力,并且外商直接的技术外溢效应要大于进口贸易的技术外溢。

　　当金融发展滞后于经济发展水平,出现政府替代市场,市场无法发挥资源配置作用时,会出现"金融抑制";然而,当金融部门过度发展时,过多的资本被配置到金融部门,造成实体经济部门投入不足,金融过度发展会造成实体经济萎缩,反而阻碍经济增长。本书利用金融体系发达的 OECD 国家数据,检验了金融发展的增长效应。结果表明金融发展对经济增长的影响不是线性的,而是一个倒 U 型。经济中存在最优的金融规模,而且潜在的最优金融规模主要由经济发展水平和人力资本存量决定。

　　在前面理论铺垫的基础上,本书重点探讨了金融发展对收入分配和贫困家庭收入的影响。实证研究表明,金融发展表现为提高了金融服务的可获得性,从而使得更多的低收入者和小型企业能获得金融服务,贫困人口的收入会上升,收入分配差距会缩小。但是,金融发展在不同时间及不同区域的影响呈现差异。

　　最后,本书以河北省内首个开展"金融扶贫示范县"的创建工作的阜平县作为案例,总结了阜平的金融扶贫的模式,探讨了中国金融扶贫的路径选择，为中国的县域扶贫提供了典型样本和经验借鉴。

金融与反贫困的理论研究仍在不断推进过程中，同时中国的扶贫实践将在人类历史上留下浓墨重彩的一笔，中国正在经历和见证的反贫困壮举为本书提供了丰富素材。然而，由于能力有限，加上金融扶贫还在进一步探索完善过程中，本书的很多观点可能还不成熟，还请各位方家指点，也欢迎读者给予批评指正。

目　录
CONTENTS

第 1 章

绪　论

1.1　选题背景

1.1.1　现实背景

自新中国成立以来特别是改革开放以来，党中央高度重视扶贫开发工作，创造了人类减贫史上的中国奇迹，贫困人口从 1978 年的 2.5 亿减少到 2015 年的 8200 多万，为加速世界减贫进程贡献了巨大力量①。但是，中国的贫困问题依然十分突出，如果参考国际标准，贫困人口将达到两亿多人，且剩下的都是"难啃的骨头"，扶贫的难度进一步加大，扶贫进入攻坚期。"十八大"以来，新一届领导集体更加重视反贫困尤其是农村人口脱贫问题，2015 年 11 月 29 日，党中央、国务院发布的《关于打赢脱贫攻坚战的决定》，标志着我国的

---

① 来源于国家统计局 2015 年报告，其中农村人口按照人均收入 2300 元（2010 年不变价）的标准，贫困人口为 7017 万。

反贫困工作驶入了快车道。而且，政府在扶贫过程中，非常重视金融的扶贫作用。2016 年 3 月 16 日，中国人民银行、国家发展改革委、财政部、中国银监会、中国证监会、中国保监会、国务院扶贫开发领导小组办公室联合印发《关于金融助推脱贫攻坚的实施意见》，对金融助推脱贫攻坚的总体目标和方法做了明确说明。

中国的金融发展伴随着经济的迅速发展。改革开放后，中国的隐性税收机制逐步瓦解，为了支持渐进式改革，金融部门承担了改革的成本，动员性扩张型金融发展模式取代了财政投资的主导地位，通过金融支持政策为公有经济部门融资，支撑了经济高速增长。与此同时，我国的金融业自身也保持着快速发展的趋势。与 1980 年相比，2014 年全部金融资产占国民生产总值比重从 1978 年的 94.0% 上升到 415.7%，年均增幅超过 5%。同时，证券业、保险业等资本市场均得到长足发展。例如，股票总市值占国民生产总值的比重（证券化率）从 1991 年的 1% 上升到 2014 年的 58.3%；2014 年保险业中，产险公司原保险保费收入 7544.40 亿元，寿险公司原保险保费收入 12690.28 亿元，相对于 1980 年国内只有唯一一家保险公司来说，改革开放后中国保险业经历了突飞猛进的发展。目前，中国金融业发展的现状是，银行中介在金融业中占垄断地位，金融资产的大部分仍是银行和金融机构的存贷款，如 2014 年银行和金融机构的存贷款占金融资产总量的比例为 93% 左右，从而形成了一种中介主导型的并以国有中介垄断为特征的发展模式。

在现代市场经济中，金融的地位越来越突出。金融发展已成为经济发展的重要因素和先导力量，具有强大的作用力、渗透力和推动力。金融发展已成为国际社会衡量一国经济发展速度和社会文明进步程度的重要指标之一。在中国经济继续推进国际化的背景下，金融在中国经济中的核心地位进一步凸显，能否调整好金融结构，优化金融资源配置，为经济增长服务，并防范开放中的金融风险已成为中国经济能否可持续增长的关键问题。改变原有的金融发展模式，逐步从国家隐性担保的数量型扩张金融向市场配置的方向转变，逐步推进中国金融深化，是本书研究的一个重要背景。

近些年的研究基本肯定了金融发展能够显著促进经济增长的结论（世界银行，2001，2015），而经济增长与反贫困间的关系一直是经济学研究中的重要议题。学者们通常认为经济增长可以降低贫困，然而 Bhalla（2002）① 的研究发现，只有创造一个有利于经济增长的有利环境，经济增长的反贫困作用才能达到。因为，增长的好处可能并不是每个人都能分享，许多人担心金融发展只对富人和有权势的人有利，使社会贫富差距扩大。以中国为例，改革开放以来，中国在保持高速发展的同时，收入差距也大幅扩大。无论是中国城市和农村之间，还是家庭之间的收入和消费差距不断加大，反映出典型的上升趋势。如果将财产的因素考虑进来，这种收入分配的不平等程度更大，在世界范围内也处于很高的水平。国家统计局的数据显示，中国的基尼系数从 1978 年的 0.18 增长到 2015 年的 0.462，收入差距显著。同时，由于中国存在城乡分割的二元经济结构，2014 年中国城乡收入比达到 3.10，说明城乡之间的收入差距很大，且中国的贫困群体集中在农村②。从这一点来看，人们不免出现了以下的疑惑：金融发展到底更有利于富人，扩大了中国的收入分配差距，还是更有利于贫困家庭，从而缩小了收入分配差距呢？这也是本书研究的另一个重要现实背景。

---

① Bhalla. S. Imagine There is No Country：Proverty Inequality and Growth in the Era of Globalization［M］，Washington：Peterson Institute Press，2002.
② 数据来源于《中国统计年鉴》2015 及国家统计局网站。

1.1.2　理论背景

金融部门在经济增长中的作用一直以来都备受争议。早期的经济学家将研究的注意力集中于货币的中性或非中性问题上。中性论者认为货币不过是便利交易的工具，是实体经济的符号；非中性论者则强调货币特别是储蓄货币通过向投资转化，能够对经济发展产生重要的推动作用。Schumpeter（1912）将金融置于经济发展的中心地位，认为"银行的信用创造和创新之间的关系是理解资本主义引擎的关键"。

1973 年，美国经济学家 Ronald I. McKinnon 和 Edward S. Shaw 在前人研究的基础上创立了金融发展理论，推动了金融发展与经济增长关系的研究。McKinnon 和 Shaw 提出了著名的"金融抑制"论断，从金融的角度解释了发展中国家的经济不发达的原因。他们认为经济发展的前提是金融不能处于抑制状态，为此他们主张"金融深化"，即发展金融市场体系，在发展中国家推行金融自由化政策。

1980 年代末，McKinnon 和 Shaw 的追随者在其所建立的框架内对金融发展理论进行了补充和完善。他们不像 McKinnon 和 Shaw 那样把主要观点停留在主观判断和先验假设的基础之上，而是建立了比较规范的数理模型，对金融抑制的危害和金融自由化的利得进行了严格论证。虽然这些经济学家对 McKinnon 和 Shaw 的金融发展理论有所发展，但没有突破他们所建立的框架体系，所提出的金融自由化主张不完全符合发展中国家的现实。许多发展中国家尤其是拉美国家在 20 世纪 70 至 80 年代的金融自由化尝试大多以失败告终就是一个明显例证。

20 世纪 80 年代中后期的出现的内生增长理论推动了金融发展与经济增长关系研究的进一步发展。尤其是 1990 年代以来的金融发展理论，突破了 McKinnon 和 Shaw 的分析框架，把内生增长理论和内生金融中介或内生金融市场纳入到研究框架之中，并在模型中引入不确定性、交易成本和信息不对称等因素，对金融中介和金融市场是如何内生形成的，以及内生的金融中介和金融市场与经济增长之间相互关系作出了逻辑严密的数学模型解释，并在此基础上提出了一系列的政策主张。

在金融发展理论不断丰富的同时，关于金融发展的实证研究也取得了巨大的进展。很多学者对金融发展与经济增长的关系进行了大量的实证研究，得到近乎一致的结论是金融发展促进了经济增长。同时，有两个方面的理论进展也值得我们关注：首先，金融对增长的影响可能是非线性的。金融发展虽然能提供优质的金融服务，减少信息不对称和交易成本，但提供这些金融服务是有成本尤其是机会成本的，如果考虑到金融发展的成本，金融的增长效应可能并非是单调递增的；其次，金融发展能促进增长，但增长的好处并不是每个人都能分享的。由于贫困家庭缺乏信用信息和抵押品，低收入者被排除在正规的金融市场之外，阻碍了其人力资本的积累和为创业的融资，而金融发展减少了交易和信息成本，提高了金融服务的可获得性，更有利于低收入者。对于后者的研究成为一个重点关注的话题。由于传统的再分配政策会产生对工作和储蓄的反向激励，而金融发展则不会直接产生这种效率和公平之间的矛盾。因此，以世界银行为主的很多机构和经济学家都开始研究金融的"扶贫"功能（anit-poverty function）。

1.2　研究思路及研究内容

　　本书试图在现有金融发展与经济增长关系研究的基础上，在内生增长理论的框架下，从理论和实证两个层面来讨论金融发展与经济增长和收入分配的关系。在分析金融发展如何影响经济增长和收入分配这一核心问题基础上，本书重点探讨以下问题：金融发展促进经济增长的机理是什么？金融发展对经济增长的影响是非线性的吗？金融发展如何影响收入分配和贫困家庭的收入？并以此来分析我国的金融改革以及金融如何支持扶贫的相关政策。

　　改革开放初期，传统的动员性扩张型金融政策支持了中国经济的增长。但随着改革的深入，市场约束机制发生了变化，传统的投融资体制的弊端越来越明显。20 世纪 90 年代以来的金融改革已经促使我国金融资产结构发生了改变，金融体系从动员性扩张向市场配置转变。在中国经济越来越融入世界经济的背景下，金融发展通过支持研发和对国外的技术吸收，促进了技术进步和经济增长。但是，金融发展的经济增长效应并非线性的。金融部门的发展是有成本的，当金融部门的规模超过了其最优的水平就会反过来损害实体经济，用 OECD 国家的数据证明了金融发展的倒 U 型增长效应。即使金融发展促进了经济增长，但并不表明每个人都能得到好处，例如金融发展可能有利于既得利益阶层，反而使得收入分配差距扩大。本书利用中国省级数据的实证研究发现，我国的金融发展有利于贫困家庭的收入提高。最后，总结前面几章的研究结论，并提出相应的政策建议。

本书包括七章。

第二章回归了国内外相关研究文献，重点分析了已有研究存在的问题以及研究进展。首先，简要回顾了金融体系的功能，即信息提供、公司治理、风险管理、储蓄动员以及方便交易五大功能；其次，回顾了金融发展的经济增长效应。尤其是 20 世纪 80 年代末把金融部门纳入内生增长框架的分析突破了 MacKinnon 和 Shaw 的框架，出现了大量的研究金融发展与经济增长关系的理论和实证研究文献；再次，回顾了金融发展的分配效应。从理论上讲，金融发展既有可能缩小收入分配差距，又有可能扩大收入分配差距，理论上的分歧需要经验研究来解决。因此，本章从理论和实证研究两方面回顾了金融发展影响收入分配的文献，并对已有文献的以及未来需要进一步深入研究的问题进行了评价。

第三章提出在改革开放后，公有经济部门在国民经济中占很大的比重，为避免改革初期公有经济部门产出的下降和经济衰退，必须保持公有经济部门的快速增长。由于传统的隐性税收机制瓦解，财政途径资本形成规模持续下降，中国的金融剩余迅速向居民部门集中。政府采取管制型金融动员的金融支持政策，集中居民部门的金融剩余来弥补公共部门赤字，支持了公有经济的发展。然而，随着经济改革的深入，市场约束机制发生了变化，金融支持政策的收益迅速下降，而弊端却在递增。因此，政府在 1990 年代开始对金融体制进行市场化改革，伴随着金融发展，金融资产结构也随之发生变化，农村金融也得到了长足发展。

第四章考察了在开放经济条件下，金融发展促进经济增长的机理。本章基于 Romer（1990）中间投入品种类扩张的内生技术进步模型的开放经济版本，加入金融部门，从整体上刻画了金融部门的增长效应。金融发展既可以直接提高研发的产出效率，又可以提高本国对国际技术外溢的吸收能力，间接地促进技术进步和经济增长。利用1998—2014年中国30个省市的数据，对金融发展促进经济增长的两种机制进行了实证分析。结果表明金融市场化改革后，中国的金融发展通过提高国内的研发产出效率和对国外技术的吸收能力，促进了技术进步和经济增长。对金融发展的两种作用机制的比较研究发现，金融发展通过自主研发促进增长的作用并不明显，但通过提高本国技术吸收能力从而促进增长的作用较为显著。进一步的研究还发现，外商直接投资比进口贸易有更强的技术外溢效应。

第五章考察了金融发展的非线性增长效应。金融部门的发展是有成本的，比如实物资本和人力资本从实体经济部门转移到金融部门，金融过度发展会导致机会成本超过其收益，最终损害实体经济的增长。本章在 Romer（1990）中间投入品种类扩张型的内生技术进步模型中纳入金融部门，金融发展能通过支持研发和提高技术吸收能力来促进技术进步和经济增长。然而，金融部门的发展需要投入一定的人力资本，更多的人力资本被投入到金融部门会损害到实体经济部门，这就是金融发展的成本。因此，当金融发展的边际收益等于其边际成本时，经济中存在一个最优的金融规模。利用1990—2007年 OECD 国家的面板数据，实证结果发现了金融发展的倒 U 型增长效应，经济中存在最优的金融规模，而且潜在的最优金融规模是由经济发展水平和人力资本存量决定。

第六章重点考察了金融发展与收入分配和贫困的关系。金融发展可以通过两种渠道影响贫困，即金融发展的增长效应和分配效应。尽管有大量的文献发现金融发展促进了经济增长，但是对金融发展与收入分配的关系还不确定。一种观点认为金融发展,信贷约束的放松使得缺乏抵押品和信用记录的贫困家庭能够进行人力资本和实物资本投资,减少收入不平等;另一种观点则认为金融发展为富裕家庭提供了更优质的,品种更齐全的金融服务,而贫困家庭不能提供担保品,仍然被排除在正规的金融体系之外,使得金融发展加强了收入分配的不平等。本章利用我国 2001—2011 年 30 个省的面板数据检验了金融发展对收入分配和贫困的影响。结果发现中国的金融发展更有利于提高低收入阶层收入,减少收入分配不平等。贫困家庭的收入增长大约有 28.53% 可以归因于金融发展的收入分配效应,而剩下的则归因于金融发展的增长效应所致。

第七章为案例部分,通过河北阜平县金融扶贫的实践,重点分析了保险在反贫困中的独特作用,总结了阜平县农村金融体系建设对于农村扶贫的重要作用及其经验借鉴,为我国正在大力推进的金融扶贫提供有益样本。

最后一部分为政策建议,在本书的研究结论的基础上,提出一些通过金融发展来反贫困的政策建议。

1.3　分析框架

本书试图建立一个框架来分析金融发展与经济增长和收入分配之间的作用机制,如图 1.1 所示。图中对金融中介和金融市场产生的微观机制、金融发展、金融系统的功能、金融作用于增长和收入分配的途径以及整个传导机制进行了分析。

　　由于信息不对称和交易成本造成的金融市场摩擦是金融中介或金融市场产生的根本原因，金融市场或金融中介的发展通过改变金融系统的规模、结构、效率以及可获得性来影响一国的金融发展。金融发展又通过影响和改变金融系统的某项子功能或全部功能支持了技术进步，促进了资本积累，从而金融发展通过多种途径作用于经济增长。与以往研究不同，本书还分析了金融发展的成本。金融发展需要人力资本的投入，人力资本在金融部门和研发部门之间的分配，使得在均衡时经济体有一个最优的金融规模。当以人力资本衡量的金融部门过度发展时会损害实体经济部门，因此金融的增长效应是非线性的。金融发展的分配效应影响贫困家庭收入增长，从而通过影响收入分配达到扶贫目标。如果金融发展减少了金融服务的固定成本，使得更多的低收入者能获得正规的金融服务，使得贫困家庭能够为其子女融资，度过暂时的不利冲击，减少辍学率，并且支持低收入者创业，金融发展就能增加贫困家庭的收入，减少不平等。

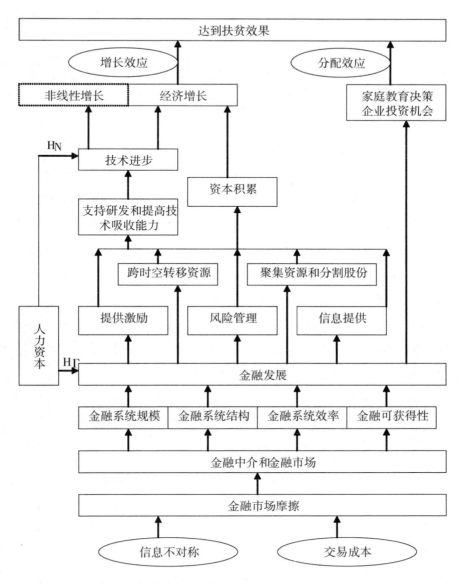

图 1.1　金融发展与经济增长和收入分配之间关系的分析框架

1.4　研究创新

本书研究的创新点主要体现在以下几个方面：

（1）对内生增长理论模型的拓展与改进。本书在技术创新的内生技术进步模型中纳入金融部门，从整体上刻画了金融发展影响经济增长的作用机制：支持研发和提高技术吸收能力。研究对已有内生增长理论框架进行的改进在于把金融部门纳入到内生增长理论。在开放条件下，一国的技术进步可以通过自主研发和技术外溢来获得，研发创新函数中一国研发产出水平不仅依赖于已有知识存量与人力资本投入，而且还取决于研发部门能否有效地从金融部门获得技术创新的融资支持。另外，东道国金融市场效率的改善也可以提高本国企业对国外先进技术的吸收能力。

（2）对金融发展与经济增长之间的非线性关系和最优金融规模进行了考察。本书的研究从政府对银行中介负债的隐性担保这一制度安排的视角之外的另一视角分析了非线性关系产生的原因，丰富和发展了对金融发展与经济增长之间非线性关系的认识。

（3）运用了新的研究方法进行了实证考察。国内有许多学者对中国金融发展与经济增长和收入分配的关系进行过考察，他们的计量方法存在一个共同的问题，由于金融发展与增长的相互影响，存在内生性问题。为了消除内生性，一些跨国比较研究寻找金融发展的工具变量，比如法律起源、国家的宗教构成以及纬度。虽然工具变量法消除了金融发展的内生性，但是却无法克服其他解释变量的内生性，更何况国别研究也无法利用这些工具变量。为了消除内生性偏误，本书采用 GMM 估计方法。此外，以往的研究都是用金融资产规模、商业银行业务占总的金融业务的比重、资产流动性等指标度量金融发展水平，而本书在考察金融发展的非线性增长效应时，采用金融部门就业占总就业的比重来度量金融发展水平。这个指标既能度量金融发展规模，又反映了金融发展的成本，非常适合本书的研究目的。

第 2 章

金融发展与反贫困：理论综述

　　长期以来，经济增长与反贫困间的关系是经济学研究的重要主题，早期研究可追溯到 19 世纪的 Bagehot（1873），对于二者的相关性，不同学者所持观点的观点不同。金融发展与贫困关系的实证研究文献主要按照研究方法的分类进行综述，例如有政策研究和实证研究。金融与贫困间的研究大多采取了宏观视角，从金融发展与经济增长间的关系展开，并进一步分析其对收入分配的传递作用。由于经济增长的好处不是每个人都能平均分享。在理论上，金融发展既可能缩小收入分配的不平等，也可能扩大不平等。然而，通常人们也认为贫困的具体表现为个人和家庭的低收入，因此应从微观层面进行研究，大量研究采用了微观数据，如企业和家庭数据的研究。研究的方法多种多样，包括可计算的一般均衡模型、基于自然实验的回归，利用企业和家庭调查数据的微观分析和跨国的回归分析等。

2.1　金融体系的功能

采用国际上广泛使用的定义，金融发展是指金融资产相对规模的扩大或占 GDP 份额的上升，同时伴随着金融机构和金融市场效率提升和金融体系功能完善的过程，是一个动态的概念。信息成本和交易成本的存在激励了金融中介和金融市场的产生，形成了金融体系和生态。在政治、经济、文化、法律、管制和税收等方面存在着差异，使各国的金融结构大不相同。由于金融功能比金融机构更为稳定，机构的形式随功能而变化（Bodie 和 Merton，1995），因此对金融发展的研究应围绕金融功能展开。按照 Levine（2004）的划分，把金融体系的功能可以分为五种①：

2.1.1　信息揭示功能

在作出投资决策之前，评估企业、经理人和市场条件要花费很高的成本。单个储蓄者没有能力收集、处理和生产投资项目的信息。由于储蓄者不愿意投资于缺乏可靠信息的活动，高信息成本可能阻碍资本被配置到高回报的项目。金融中介可以减少获取和处理信息的成本，因此改善了资本配置（Boyd 和 Prescott，1986）。如果没有金融中介，每个投资者都要支付评估企业、经理人和经济条件的固定成本，而金融中介提供项目的信息可以充分利用其规模经济效应，

---

① 参见：周立. 中国各地区金融发展与经济增长（1978 - 2000）. 北京：清华大学出版社，2004；Ross Levine. Finance and Growth：Theory and Evidence. NBER Working Paper No. 10766，2004.

由许多个体来分摊昂贵的信息生产成本（Allen，1990）。金融中介不仅能识别最好的生产技术（Greenwood 和 Jovanovic，1990），还可以辨别最有机会获得成功的企业家而提高技术创新水平（King 和 Levine，1993；Acemoglu et al.，2003），改善了资本配置。

股票市场也能激励公司信息的生产。当市场变得更大且流动性更强时，市场参与者就有更大的激励花费资源去获取公司的信息，因为在更大、流动性更强的市场上，市场参与者很容易利用这些信息获利（Holmstrom 和 Tirole，1993）。因此，更大、流动性更强的股票市场将提高生产有价值信息的激励，优化了资本配置（Merton，1987）。然而，Stiglitz（1985）认为由于股市通过标价迅速释放了信息，人们不愿意花费私人资源去获取马上就会公开的信息。经济主体可以通过观察股票价格看到其他人的信息而不用付出成本，但这种获取信息方式的公共物品性质会导致社会对获取信息投入的资源过少。因此，现有的理论并没有建立起股市功能和信息获取及长期经济增长的联系。

2.1.2　监督企业和公司治理功能

除了降低获取信息的成本外，金融市场和金融中介还降低了事后监督经理人、促进公司治理的信息获取和执行成本。投资者在多大程度上能有效地监督和影响公司如何使用资本，对投资者的储蓄和配置决策非常重要。如果股东和债权人能有效地监督公司，使得经理人能按照公司价值最大化行事，公司配置资本的效率将会改善，并使得储蓄者更愿意为生产和创新融资。如果缺乏改善公司治理水平的金融安排，将会阻碍从分散的储蓄者手中动员资本，使得资本无法配置到有利可图的项目中（Stiglitz 和 Weiss，1983）。

由于内部人有不向外部人传递项目收益信息的激励，外部投资者识别项目回报率是有成本的。在有辨别成本假定下，内部人与外部人之间理想合约是债务合约（Boyd 和 Smith，1994）。辨别成本意味着外部人限制了公司凭借举债扩张投资，因为高杠杆比率意味着贷款人要承受拖欠的高风险和高辨别成本。因此，抵押与金融合同降低了监督与执行成本，减少了对有效投资的阻碍（Bernanke，1990）。

金融中介也能改善公司治理。Diamond（1984）认为金融中介可以使监管成本大大降低，改善公司治理。如果借款者分别从不同的投资者那里获得资金，单个投资者所承担的监督成本非常昂贵，并且会产生"免费搭车"的问题。金融中介的制度安排从许多单个储蓄者手中动员资本，并贷给企业，代储蓄者监督企业的运行。这种"代理监督"节约了总体监督成本，减缓了"免费搭车"的问题。尤其是当金融中介和企业建立长期关系时，能进一步降低信息获取成本。Bencivenga 和 Smith（1993）的模型表明金融中介改善了公司治理，减少信贷配给，从而提高了生产率、资本积累和增长率。Fuente 和 Martin（1996）则认为金融中介承担了监督创新活动的高昂成本，支持了技术创新和经济增长（周立，2004）。

除了债务合约和银行外，股市也促进了公司治理（Jensen 和 Meckling，1976）。股票的公开交易，有效反映了公司的信息，使股东能将其管理权补偿与股价联系起来，从而有助于管理层与股东间的利益保持一致（Jensen 和 Murphy，1990）。同样，如果在发展良好的股市上，接管可以更顺利地进行。由于接管后表现欠佳公司的经理会被解雇，那么好的股市就可以通过接管管理不善的公司来提高对其治理。接管威胁有助于将管理激励与股东利益保持一致（Stein，1988）。

2.1.3 风险管理功能

信息与交易成本的存在，需要金融中介和金融市场来便利风险的聚集、交易和规避。传统的金融理论关注于跨区域分散风险。金融市场可以减少跟单个项目、公司、产业、地区和国家等相关的风险。由于投资者通常都不喜欢风险，而高回报的项目风险也较高。因此，如果金融市场使得投资者能更容易地分散风险，投资者就会改变其资产组合，把更多的资本投入到更高预期回报风险的项目中（Greenwood 和 Jovanovic，1990；Obstfeld，1994；Acemoglu 和 Zilibotti，1997）。

除了跨区域分散风险，金融体系还可以跨期分散风险。有些系统性的风险不能在某一时点被分散，比如宏观经济波动，但可以在不同代际间分散。金融中介有助于代际间的风险分散，通过长期投资，可以为投资者提供相对平缓的回报率。在经济高涨时，回报率相对低些，而当经济衰退时，回报率相对更高（Allen 和 Gale，1997）。

金融体系还可以分散流动性风险。高收益项目一般需要长期资本，而储蓄者又不愿意长期放弃对资本的控制权。因此，如果金融体系不愿意为长期投资项目提供流动性，那些高收益项目将因得不到足够的融资而难以进行（Diamond 和 Dybvig，1983）。Levine（1991）认为如果存在发达的金融市场，储蓄者受到流动性风险冲击后，可以很容易将非流动性项目的收益权变现。市场参与者不需要辨别他人是否遭受冲击，只需要在股市上进行简单地非人格化交易即可。因此，通过资产证券化提高资产的流动性，证券持有者能够随时卖出证券以应对流动性风险，而公司也能获得长期资本。

除了股市，金融中介也可以提高流动性，降低流动性风险。Diamond 和 Dybvig（1983）的模型认为银行可以向储户提供流动性储蓄账户，并将高流动、低收益投资加以组合，以满足对各类储蓄的要求和对非流动、高收益项目投资的需要。通过提供活期存款账户和选择流动性与非流动性投资的适当组合，银行在为长周期高收益项目融资的同时，对流动性风险提供了完全的保险。银行在风险冲击可观测的条件下，促进了资本分配的平衡。通过消除流动性风险，银行可提高对非流动、高收益项目的投资而促进经济增长（Bencivenga 和 Smith，1991）。

2.1.4　动员储蓄功能

动员储蓄就是把分散的储蓄聚集起来转化为投资的过程。动员储蓄的成本包括从不同的储蓄者那里集中资本的交易成本和让储户放心地放弃对储蓄的控制权，克服信息不对称的成本。如果融资的生产部门直接向分散的储蓄者融资，将涉及多种双边契约，交易和信息成本非常昂贵。为节约与多种双边契约有关的成本，通过金融中介聚集资金就会发生，成千上万的投资者很信任地把钱交给金融中介去投资到成百上千个公司里（Sirri 和 Tufano，1995）。

更有效地聚集个体储蓄的金融体系能通过提高储蓄率，利用规模经济效应和克服投资的不可分型，深刻地影响经济发展。更好地动员储蓄除了能直接有助于资本积累外，还能改善资本配置，提高技术创新率（Sirri 和 Tufano，1995）。Acemoglu 和 Zilibotti（1997）认为对于大型的、不可分的项目，能从许多分散的储蓄者手中动员储蓄并投资到风险项目的金融安排，有助于将资源重新分配到高回报的项目中，从而有利于经济增长。

2.1.5　便利交易功能

降低了交易成本的金融安排能促进专业化、技术创新和增长。

Smith（1776）强调货币能降低交易成本，扩大专业化水平，促进技术创新（Wright，2002）。另外，信息成本也激励了货币的出现。评价商品的内在价值非常昂贵，易货交易成本非常高。因此，一般等价物就会出现，以便利交易（Williamson 和 Wright，1994）。

Greenwood 和 Smith（1996）通过构建模型，阐述了交易、专业化和创新之间的联系。更多的专业化要求更多的交易。因为每笔交易都是有成本的，所以，金融安排降低了交易成本，会促进更大的专业化。通过这种方式，市场推动交易刺激了生产率提高。生产率提高还会反馈到金融市场发展上。如果建立金融市场的成本是固定的，则更高的人均收入意味着相对于人均收入来说，固定成本的负担更小。因此，经济发展又促进了金融市场发展。

2.2　金融发展与经济增长

自 Goldsmith（1969）的开创性著作《金融结构与金融发展》问世以来，出现了大量相关的理论和实证研究成果，金融发展与经济增长的关系成为经济学家们聚焦的主题。大量的研究表明，一个运行良好的金融体系会降低信息和交易成本，把稀缺的储蓄资源高效地配置到效率和回报更高的部门之中，从而促进投资、技术创新和生产率提高，最终推动经济增长（徐圆、赵莲莲，2015）。下面从四个视角来对金融发展与经济增长的文献进行综述[①]。

---

① 朱波．金融发展与内生增长：理论及基于中国的实证研究．成都：西南财经大学出版社，2007；韩廷春．金融发展与经济增长：理论、实证与政策．北京：清华大学出版社，2002。

2.2.1　金融发展与经济增长的早期研究

关于金融发展与经济增长关系的争论自古有之。早期的经济学家们将研究的注意力主要集中于货币的中性和非中性问题上。从历史上看，人们对货币与经济增长关系问题的探讨最早可以追溯至16、17世纪欧洲"价格革命"时期的货币数量论。随着货币制度的不断演进和经济环境的不断变化，针对货币的中性和非中性的争论，形成了不同的货币经济关系的观点和流派。

古典主义经济学家遵循萨伊定律，强调货币中性，认为货币供给量的变化并不影响产出、就业等实际经济变量。经济增长完全由实物部门决定，任何货币政策都是多余的，甚至是有害的，货币政策的任务仅在于货币购买力。Wicksell（1898）首先创立了货币经济理论，提出"自然利率"的概念。货币对经济的影响是通过使货币利率与自然利率相一致或相背离而实现的。当货币数量增加，货币利率低于自然利率时，企业家由于有利可图，扩大投资，增加产出；相反，当货币数量减少，货币利率高于自然利率时，则会出现生产萎缩、收入减少和物价下跌等累积性收缩过程。这就是著名的"累积过程理论"。

Keynes（1936）结束了货币与经济的两分法，将传统实物经济分析全部纳入货币分析体系，经济体系中的收入、支出、储蓄、投资和消费等各环节的运动，无一不渗透着货币的运动。凯恩斯强调增加货币、降低利率，以扩大就业、增加国民收入。认为失业与萧条的根源在于货币经济的不确定性和人们预期的悲观性，而克服危机的主要措施莫过于政府采取适当的货币政策和财政政策。货币借助于预期行为的参与而对经济活动产生影响。Hicks 和 Hasen 等凯恩斯学派经济学家在凯恩斯货币经济理论基础上建立了反映产品市场和货币市场关系的货币经济理论模型——IS – LM 模型。

二战后，西方国家普遍实行了凯恩斯经济政策。到 20 世纪 70 年代，西方国家经济陷入"滞胀"局面，这种现象令凯恩斯主义陷入困境。Friedman（1969）的货币主义抨击了凯恩斯主义的财政政策，重新强调货币及货币政策的首要作用。然而 Friedman 的"货币至关重要"只是就短期而言，在长期中货币供给的变化只会引起物价水平的变动，而不会影响实际产出。货币主义同凯恩斯主义一样强调的是对总需求的管理，而对以总供给为核心的经济增长理论关注不够。

Schumpeter（1911）的非常信用理论第一次把货币理论同经济发展理论结合起来，将货币和信用视为经济发展的重要因素。Schumpeter 认为当企业家从银行获得非常信用，实行生产资料重新组合后，由于生产效率提高和成本降低，因而利润增加。利润增加又使收入增加、物价上升，于是经济向前发展。Tobin（1955）的贡献在于他首次将货币因素引入经济增长模型，从而弥补了实物增长模型忽视货币因素的缺陷。后来的研究把金融变量更多地引入经济增长模型中，使得该领域的研究得到了前所未有的深化和发展。

由于发达国家与发展中国家有着截然不同的经济环境、经济结构及发展水平，新古典货币增长理论未必适用于发展中国家。Mckinnon（1973）和 Shaw（1973）提出了著名的"金融抑制"与"金融深化"理论。发展中国家的金融市场是不完全的，大量的中小企业被排斥在有组织的金融市场之外，导致资源配置扭曲。"金融抑制"的存在严重地阻碍了资本积累、技术进步与经济增长。他们认为发展中国家的经济改革首先应该从金融领域入手，减少人为因素对金融市场的干预，借助市场的力量以实现利率、储蓄、投资与增长的协调发展。到 1980 年代末，以 Kapur、Vicente Galbis、Fry、Mathieson 和 Yoon Je Cho 等为代表的 Mckinnon 和 Shaw 的追随者对金融发展理论进行了发展。他们建立了比较规范的数理模型，对金融抑制的危害和益处进行了严格论证，但是没有突破 Mckinnon 和 Shaw 所建立的框架体系。许多发展中国家尤其是拉美国家在 20 世纪 70～80 年代尝试了金融自由化政策，但大多以失败而告终。而另外一些国家和地区，如我国台湾和韩国，通过实施金融抑制政策实现了经济持续高速增长，这说明 Mckinnon 和 Shaw 所开创的金融发展理论还有较大的局限性（韩廷春，2002）。

2.2.2　金融发展与内生增长的理论研究

内生增长理论的产生和金融危机的频繁爆发促使经济学家对金融系统的功能进行再认识。以引入交易成本和信息不对称等因素为标志，众多学者运用新的理论对金融与经济增长的关系重新进行了研究。内生增长理论强调了资本积累、技术进步以及人力资本对经济增长的作用，因此，本小节的评述将根据要素与金融发展与内生增长理论的关系展开。

2.2.2.1　金融发展、资本积累与内生增长

在研究金融发展与经济增长关系的内生增长模型中，金融发展通过资本积累来促进经济增长的模型有两种视角，即金融发展通过分散流动性风险（Bencivenga 和 Smith，1991；Greenwood 和 Smith，1996）与克服信息不对称（Greenwood 和 Jovanovic，1990；Bencivenga 和 Smith，1993；Bose 和 Cothen，1996），从而促进了资本的积累和经济增长。

（1）流动性风险、金融发展与经济增长。Bencivenga 和 Smith（1991）建立了一个将金融中介纳入到内生增长框架中的内生增长模型。他们的模型从单个投资者所面临的流动性风险入手，认为银行

主要从事四个方面的业务活动：接受存款并发放大规模贷款、持有流动性储备以应付存款者的承兑需求、发行比其基础资产更具流动性的负债、降低或消除资源融资现象。如果不存在金融中介，出于对流动性冲击的谨慎考虑，家庭对高收益项目就会失去投资兴趣，更多的对流动性资产进行投资。金融中介通过将更多的资金配置到非流动性资产和生产性资产上以及减少有盈利项目的提前清偿时间，就能提高资本的生产率，从而促进增长。Greenwood 和 Smith（1996）不仅考察了银行，还强调了证券市场的作用。他们认为金融体系通过消除经济主体所面临的流动性风险，增加了生产性投资在储蓄中的份额，有效地防止了生产性投资提前变现现象的发生，从而提高了储蓄转化为投资的比率，金融系统能将资本配置到边际生产率最高的项目上，提高了资源的配置效率。

（2）信息不对称、金融发展与经济增长。在 Greenwood 和 Jo-vanovic（1990）的模型中，存在两种生产技术：安全但收益低的技术和有风险但收益高的技术。金融系统具有获得信息和进行风险分担的功能是金融发展能改善资源配置的一个重要原因。他们的模型主要分析了在信息不对称的条件下，金融中介和经济增长之间相互促进的关系，在风险性生产技术报酬不确定的条件下，相对于单个投资者而言，金融中介能更为有效地克服信息不对称问题。而 Ben-civenga 和 Smith（1993）则强调信贷市场信息不对称导致了逆向选择的问题，而贷款人会采取信贷配给来对逆向选择问题作出反应。在投资依赖于信贷市场融资的经济中，信贷配给会对资本积累和经济增长产生显著的影响。Bose 和 Cothen（1996）分析了信息不对称和逆向选择的经济效应，分析了均衡贷款合同对经济增长的影响（朱波，2007）。

2.2.2.2　金融发展、技术进步与内生增长

在研究金融发展与经济增长关系的内生增长模型中，金融发展通过技术进步来促进经济增长的思路主要是从技术选择、企业家创新和技术创新三个方面展开：

（1）金融发展、技术选择与经济增长。Saint - Paul（1992）从金融市场对技术选择的影响角度来分析金融市场的长期增长效应。金融市场的一项重要功能是分散风险。在金融市场不存在的条件下，经济主体为规避风险，只能选择专业化程度低且生产力较低的技术，而在金融市场存在的条件下，通过金融系统的风险分散功能，经济主体可以选择专业化程度较高且生产力较高的技术。Bencivenga、Smith 和 Starr（1995）把二级资本市场引入了内生增长模型，探讨了资本市场流动性的变化对经济主体所使用技术的影响，进而分析对经济增长的影响。当二级资本市场交易成本增加时，经济主体将降低金融市场资产交易的规模，并选择使用流动性较高但生产率较低的技术；当交易成本降低时，经济主体将使用流动性较低且生产率较高的技术。

（2）金融发展、企业家创新与经济增长。在 King 和 Levine（1993）的模型中，金融系统主要通过以下四个途径来影响企业家的行为，进而影响技术进步率和经济增长率：一是对未来的企业家进行评估，并向最有前途的企业家提供资金；二是动员储蓄以便向最有前途的投资项目提供资金；三是分散技术创新活动中投资者的风险；四是显示技术创新活动的潜在收益。因此，一个发达的金融系统通过选择高质量的企业家和投资项目、更多地动员企业家创新所需要的资金、提供能更有效地分散技术创新风险的金融工具和更为准确地披露技术创新活动的潜在收益等机制，来促进技术进步和经济增长。

（3）金融中介、技术创新由与经济增长。Fuente 和 Martin（1996）将金融中介的信息收集和监督企业等功能纳入到内生增长模型中，分析了金融中介缓解信息不对称、鼓励技术创新的重要作用。金融中介是通过信息收集、风险分散和风险性技术创新、为资源流动提供便利等途径来促进经济增长的，实体经济的增长也通过要素相对价格的变化来提高金融中介收集信息的收益，进而对金融发展起促进作用，因此金融发展与经济增长之间是相互促进、互为因果的关系（朱波，2007）。

2.2.2.3　金融发展、人力资本积累与内生增长

Levine（1991）在 Diamond（1984）等人对经济风险特征研究的基础上，建立了一个内生增长模型，阐述了股票市场的风险分散功能，分析了股票市场对人力资本积累和长期增长的关系。Levine 认为，作为人力资本生产的投入要素之一，物质资本投资具有外部性，在人力资本生产过程中，企业所持有的平均物质资本水平对每个成员的人力资本积累都有显著的正效应。由于经济中的流动性风险的存在，迫使遭受冲击的经济主体提前变现对企业的投资，鼓励经济主体把储蓄从能增加人力资本的投资，转向到那些对经济增长没有促进作用的流动性资产上。股票市场分散流动性风险的功能促进了人力资本积累和经济的不断增长。

De Gregorio（1996）从经济主体受教育能力存在差异的角度出发，将信贷市场纳入到内生增长框架中建立了一个内生增长模型，分析了信贷市场对人力资本积累和经济增长的促进作用。信贷市场允许单个经济个体通过借贷活动来平滑消费流。信贷市场的出现，使得教育能力强的经济主体可以通过借款的方式为年轻时的教育融资，并将全部精力用于接受教育；而教育能力弱的人则可以通过劳动，为未来的消费积累储蓄（朱波，2007）。

2.2.3 金融发展与内生增长的实证研究

在金融发展理论快速发展的同时，关于金融发展的实证研究也取得了巨大的进展。最早对金融发展与经济增长关系进行实证研究的是 Goldsmith（1969）。他采用金融中介的资产对 GNP 的比重代表金融发展的水平，其前提是金融系统的规模与金融服务的质量正相关。Goldsmith 运用 35 个国家 1860—1963 年间的有关数据，得出的分析结论是：经济增长与金融发展是同步进行的，经济快速增长往往伴随着金融的发展。然而，Goldsmith 的研究存在明显的缺陷：（1）没有对其他影响经济增长的因素进行控制，金融与增长的相关关系可能是由其他因素引起的；（2）金融中介的规模未必是一个好的度量金融发展的变量；（3）相关性并没有指明金融与增长之间的因果关系；（4）没有检验金融对经济增长可能的作用途径（朱波，2007）。

为了克服这些缺陷，后来的研究进行了改进和发展。金融发展与经济增长的实证研究面临最主要的问题是识别问题，是由测量误差、遗漏变量和内生性等因素造成的（Beck，2008）。为解决识别问题，研究者改进了研究方法和数据，取得了巨大的进展。研究方法从跨国的简单 OLS 回归，到工具变量回归和动态面板回归（Levine et al.，2000），再到 Pooled Mean Group（PMG）估计（Loayza & Ranciere，2006）；数据类型从跨国数据（King 和 Levine，1993；Levine et al.，2000），到产业数据（Rajan & Zingales，1998；Beck、Demirguc Kunt、Laeven 和 Levine，2008），再到企业数据（Demirguc – Kunt，1998；Love，2003；Beck et al.，2005），最近还有学者利用家庭的调查数据来研究金融发展对家庭福利的影响（Karlan & Zinman，2007）。

King 和 Levine（1993）第一次全面地对金融发展与经济增长的

关系进行了实证研究，具有里程碑意义（朱波，2007）。他们的研究构建了一个扩展的 Barro 增长回归方程，对与经济增长有关的其他变量进行了控制，包括人均收入、教育、政治稳定、汇率、外贸、财政和货币政策指标等。利用 77 个国家 1960 到 1989 年的跨国数据，并用四种指标来测度金融中介的发展水平，对金融发展与经济增长的关系进行回归。为了识别金融与增长之间的因果关系，King 和 Levine（1993）以期初的金融发展水平来预测未来的经济增长。实证结果发现金融发展指标与人均 GDP 增长率之间存在显著地、正相关关系。Levine 和 Zervos（1998）把股票市场的发展纳入到分析中，发现股票市场和银行的发展都与经济增长有正的相关关系。有趣的是，他们的研究发现股市的流动性与经济增长显著正相关，而股市规模与经济增长不显著。

由于经典的 OLS 估计方法会产生内生性偏误，后来的研究运用工具变量法来解决回归的内生性问题。工具变量回归的有效性取决于工具变量的选择，关键是要识别工具变量影响内生变量——金融发展的经济机制，同时要保证工具变量与增长不直接相关。La Porta 等（1998，1999）的研究利用国家的法律渊源作为金融发展的工具变量。他们证明了法律渊源作为一个历史的外生因素能解释国家的金融发展水平。利用法律渊源作为金融发展的工具变量，Levine（1998，1999）发现金融与经济增长之间是正相关关系。研究者也用其他的历史和外生的国家特征作为金融发展的工具变量，比如移民的死亡率（Acemoglu et al.，2001）和地理维度、地理条件的代理变量（Engerman 和 Sokoloff，1997）、种族分隔（Easterly 和 Levine，2003）、人口的宗教构成（Stulz 和 Williamson，2003），以及独立的年份等（McCraig 和 Stengos，2005）。

虽然跨国的工具变量回归方法克服了遗漏变量、反向因果和测量误差等引起的偏误，但是这种方法也存在一些缺陷。首先，跨国的工具变量回归仅仅控制了金融发展的内生性和测量误差，其他进入增长方程的解释变量也可能存在内生性问题；第二，动态增长方程中被解释变量的滞后项与误差项相关。为解决这些问题，研究者运用广义矩估计方法处理动态面板数据。不像跨国回归方法利用外生的工具变量，动态面板回归利用了内生的工具变量，比如解释变量的滞后值，包括水平的滞后项和差分的滞后项（Arellano 和 Bond，1991；Arellano 和 Bover，1995）。

Rousseau 和 Wachtel（2000）运用差分的 GMM 估计方法对 47 个国家从 1980 到 1995 年的数据进行实证研究，结果发现银行和股票市场的发展指标与经济增长正相关。利用 74 个国家 1960 到 1995 年的五年平均数据，Beck 等（2000）和 Levine 等（2000）运用差分和系统的 GMM 估计方法，发现金融中介发展与人均 GDP 增长率之间是显著地正相关关系。Beck 等（2000）还发现金融发展通过生产率的提高促进增长，而金融发展与资本积累没有显著的关系。

跨国研究和动态面板回归都假设，在不同国家金融与增长的关系是相同的。正如 Patrick（1966）所言，在经济发展的不同阶段，金融发展与经济增长的关系是不同的。不同的国家所处的经济发展阶段不同，金融与增长的关系应该有区别。因此，经济学家利用国别的时间序列数据对金融与增长的关系进行了实证研究。时间序列数据与跨国研究的主要区别在于因果关系概念的不同。时间序列数据的因果概念是 Granger（1969）发展的 Granger 因果关系，检验方法是向量自回归模型（VAR），其检验了解释变量的预测能力。Wachtel 和 Rousseau（1995）以及 Rousseau 和 Wachtel（1998）用 VAR 模型对一些国家进行了实证研究，得出的结论与一般的跨国实证研究的结论一致：金融发展是经济增长的 Granger 原因，金融发展促进了经济增长。

遗憾的是，VAR 模型要求很长的时间序列数据。如果时间段过短，单位根和协整检验会产生低势的问题。为了增加自由度，一些研究把时间序列扩展到面板数据（Neusser 和 Kugler，1998；Christopoulos 和 Tsionas，2004）。Christopoulos 和 Tsionas（2004）运用面板数据的单位根检验和协整方法，利用十个发展中国家从 1970 到 2000 年样本数据的实证研究发现，金融与人均 GDP 具有协整关系，并且金融发展是人均 GDP 增长的 Granger 原因。

除了跨国比较分析和时间序列数据研究，还有一类研究通过分析某一政策的变化来说明变量之间的因果联系。通过比较处理组和对照组在政策变化前后的差异来说明金融对增长的作用。Jayartne 和 Strahan（1996）考察了 1970 到 1995 年间美国各州放松对州内金融机构开设分支机构的管制对经济增长的影响。放松管制的州构成处理组，没有放松管制的州构成对照组。Jayartne 和 Strahan 的研究发现放松管制导致更高的增长率。类似于 Jayartne 和 Strahan 的研究，Dehejia 和 Lleras – Muney（2003）发现从 1900 到 1940 年美国各州金融机构分支机构管制的变化加速了农业的现代化，刺激了制造业的增长。

近来，有很多学者开始利用微观数据来研究金融服务与企业增长和家庭福利的关系。利用微观数据的好处是可以更清晰地识别和检验金融发展促进经济增长的机制和渠道（Beck，2008）。Demirguc – Kunt 和 Maksimovic（1998）比较了每个公司在两种条件下的增长率，一种情况是仅仅存在内源融资，另一种情况是存在内源融资和短期借款。利用 30 个国家 8500 个企业的样本，Demirguc – Kunt 和 Maksimovic 的研究发现在银行体系发达和股票市场体系流动性更强的国家，公司的增长速度要超过仅仅依靠内源融资的企业。另一种评估金融对企业增长影响的方法是利用企业层面的调查数据。

利用54个国家超过4000个企业的调查数据，Beck、Demirguc-Kunt和Maksimovic（2005）的研究发现融资困难的公司增长越缓慢，但金融发展水平越高的国家，这种关系越不重要。

还有一些学者考察了金融服务对家庭福利的作用。First、Pitt和Khandker（1998）利用孟加拉国1800个家庭调查数据研究了私人信贷对家庭福利的影响，发现家庭消费支出信贷对家庭福利有显著的、正的影响。Guiso、Sapienza和Zingales（2002）利用家庭数据，检验了意大利不同地区当地金融发展的差异对经济活动的影响。他们发现发达的金融市场提高了当地单个经济体创业的概率和产业竞争力，促进企业的增长。

国内关于金融发展与经济增长的理论研究几乎没有，但对中国金融发展与经济增长关系的实证研究非常多，得出的结论也不一致，有的甚至得出相反的结论。如谈儒勇（1999）、韩廷春（2001）、曹啸和吴军（2002）、卢峰和姚洋（2004）、朱波（2007）、武志（2010）、陆岷峰（2013）、刘金全和解瑶姝（2016）等。在有关金融发展的研究中，理论研究侧重于银行部门发展，近年来关于中国经济货币化问题讨论较多（谢平，1992；张杰，2006；余永定，2002；中国经济增长与宏观稳定课题组，2007；易纲和宋旺，2008）。实证研究则以银行和股票市场发展居多，只有极少数研究同时考虑到银行、股票和债券市场三个部门（胡宗义、宁光荣，2004；万寿桥和李小胜，2004），但他们的研究缺少实体经济部门或者制度、人力资本等影响经济增长的重要变量，其结论的解释力不够。总的来说，实证研究虽然较多，但是由于采用了不同的研究方法、代理变量、样本范围和数据频率，所以关于中国金融发展与经济增长的关系问题，在结论上还存在诸多分歧。

2.3　金融发展与收入分配

信息不对称和交易成本阻碍了社会储蓄的聚集和投资，金融市场和机构的存在减少了这种影响。金融体系有助于动员储蓄，为商品和服务的交易提供了支付服务。另外，金融体系能够生产和处理关于投资者和投资项目的信息，有利于资本的有效分配；监督投资和实施公司治理；分散、转移和管理风险。当金融体系有效运行时，金融市场和机构能为所有的市场参与者利用最好的投资项目提供机会，因此促进了增长，改善收入分配，减少了贫困。当金融体系运转不灵时，就会错失增长的机会，不平等持续扩大，在极端的情况下，引发经济危机。

金融体系的研究主要关注的是金融深化和效率。事实上，功能良好的金融体系不仅可以有效地把资金分配到最有生产率的用途，而且能为尽可能多的市场参与者提供储蓄、支付、和风险管理产品。没有兼容性的金融体系，穷人和小企业只能依赖于个人财富或者是内部资源来积累人力资本，为企业融资，或者是利用潜在的增长机遇。现代发展理论越来越强调金融服务可获得性的关键作用：缺少金融服务是收入持续不平等和增长缓慢的最主要的原因，最近的研究开始更多的关注金融服务的可获得性（World Bank，2007）[1]。

①　Asli Demirguc – Kunt 和 Ross Levine，2009，Finance and Inequality：Theory and Evidence. NBER Working Paper No. 15275；Asli Demirguc – Kunt 和 Ross Levine，Finance，2008，financial sector policies，and long – run growth. World Bank Policy Research Working Paper No. 4469；World Bank，Finance for All? Policies and Pitfalls in Expanding Access，Policy Research Report，Washington D. C. ：World Bank，2007.

2.3.1　理论研究

提高金融服务可获得性意味着减少或消除获得这些服务的价格或非价格壁垒。金融服务的可获得性非常难以定义和度量，因为可获得性有很多维度，包括金融服务的可获性、成本、服务的范围及质量，因此关于金融服务可得性的数据非常难以获得。利用企业层面调查数据的研究表明融资约束是限制企业成长最重要的因素（Ayyagari *et al.*，2005），融资约束也是限制小企业成长最重要的原因（Beck *et al.*，2008）；利用家庭层面数据的研究表明缺乏信贷服务的可得性使得贫困持续化，因为贫困家庭子女所受的教育相对更少（Jacoby，1994；Jacoby 和 Skoufias，1997）。同样地，Dehejia 和 Gatti（2005）发现在金融体系不发达的国家，童工比率较高，暂时性的收入冲击导致儿童辍学率的上升（Beegle *et al.*，2007）。

金融发展可能通过经济总量的扩张来帮助穷人，也可能更偏向于对富人有利，没有提高金融服务的可获得性，没有扩展穷人的经济机会。换句话说，金融发展可能加剧了收入不平等。然而，一些实证研究表明金融发展更有利于穷人，减少了不平等。为了更好的理解金融发展与收入分配关系的作用机制，首先考虑下列等式：

$$y(i, t) = h(i, t) \times w(i, t) + a(i, t) \times r(i, t)$$

$$(2.1)$$

其中，$y(i, t)$ 是王朝 i 在时期 t 时的收入，$h(i, t)$ 是人力资本水平，$w(i, t)$ 是人均人力资本的工资率，$a(i, t)$ 是王朝 i 在时期 t 时的财富，$r(i, t)$ 是资产回报率。

人力资本积累。假设人力资本是才能和教育的正函数，才能和教育是生产人力资本的互补的投入要素，并且才能不能在代际间遗传，比如才能是均值回归的变量（Bardhan *et al.* 2000）。整个社会效率要求有才能的孩子接受更多的教育。如果资本市场是完美的，经济体就能达到社会效率。有才能的人能接受更多的教育，不管其父母的财富如何，因此教育仅仅是才能的函数，个体的经济机会由能力决定；如果资本市场不完美，教育由才能和父母的财富共同决定。无能的、富人家的孩子接受过多的教育，而聪明的、穷人家的孩子接受的教育太少，导致贫困在代际间持续，同时降低了社会资本配置效率，对经济增长起反作用。一些扩展研究表明当面临负面冲击时，贫困家庭既不能通过保险机制应对危机，也不能通过借款平滑消费时，一些家庭将强迫子女辍学，进入低工资的劳动力市场（Jacoby 和 Skoufias，1997；Baland 和 Robinson，2000；Ranjan，2000）。许多研究强调了金融市场不完善对解释持续不平等和总体无效率的重要作用，比如：Galor 和 Zeira（1993）与 Galor 和 Tsiddon（1997）。

企业家才能。一些理论强调了金融市场在决定谁能成为企业家时的作用，比如：Banerjee 和 Newman（1993）、Aghion 和 Bolton（1997）与 Piketty（2000）。假定单个经济体的企业家才能的禀赋不同，开办企业的回报率与企业家才能正相关，并且成为企业家存在着固定成本。当资本市场是完美的，最有企业家才能的人能以市场利率获得开办企业的资金，企业家活动是企业家才能的函数，与家庭财富无关。因此，储蓄回报率仅仅是企业家才能的函数；当资本市场不完善时，有好项目的穷人不能获得项目融资，而没有好项目的富人却能得到贷款。财富的初始分配决定了哪个家庭能获得外部融资。因此，储蓄的回报率是企业家才能和家庭财富的共同函数（Demirguc－Kunt 和 Levine，2009）。

Becker（1957）认为竞争增加了歧视的相对成本，可以减少工资和就业歧视。金融部门改革刺激金融中介把更多的资金贷给更好的企业，而非简单的贷款给特权阶层。比如，如果银行是垄断的，它可能只贷款给与它保持长期、全方位关系的企业。尽管可能存在有其他更好项目的企业，银行还是能通过贷款给与其有关系的企业获得可观的利润。如果银行的垄断地位受到威胁，面临更激烈的竞争，竞争可能刺激银行更加谨慎的分辨借款者。企业为吸引银行贷款不得不显示其产品市场的优势。因此，银行业的竞争加剧使得整个经济体的竞争加剧。改善资本配置效率和加强竞争的金融部门改革将减少小企业的融资约束，提高穷人的工资，增加他们的机会（Levine、Levkov 和 Rubinstein，2008）。

另外，理论研究还表明金融可以通过间接机制影响不平等。金融体系的改革影响总产出和信贷分配，改变了对低技术工人和高技术工人的需求，从而影响了收入分配（Townsend 和 Ueda，2006）。比如金融体系的改善提高了对低技术工人的需求，缩小收入分配的差距，使得经济机会均等化。因此，理论研究表明金融体系的改变，通过直接和间接的机制，加强或缩小了经济机会的不均等。

2.3.2　实证研究

由于金融服务可获得性难以定义和度量，直到最近关于金融服务使用和可得性的数据仍然很少[①]，因此研究金融服务可得性对经济影响的经验文献不多。近些年来，一些文献对金融与不平等的关系进行了实证研究，研究方法多种多样，包括可计算一般均衡模型，基于自然实验的回归，利用企业和家庭调查数据的微观分析和跨国的回归。研究者集中于研究金融与经济机会关联的微观机制以及经济体收入分配的宏观评价。

---

① 因此，更好地理解提高金融服务可得性的最大障碍是什么，以及提高哪种类型的金融服务可得性对于减少贫困和促进增长最有效，需要获得更好的数据。

2.3.2.1 对家庭的影响

Townsend 及其合作者利用 1976 到 1996 年泰国家庭调查数据，运用一般均衡模型分析了金融发展对增长、收入不平等和家庭福利的影响。Gine 和 Townsend（2004）利用财富、工资率、金融交易和职业选择的信息构建一般均衡模型，并运用该模型模拟了能获得信贷的家庭的比例增加怎样影响了创业、就业、工资、增长和收入分配。结果表明金融自由化和随之而来的信贷可获得性的增加能解释样本期内泰国人均 GDP 的快速上升，提高了对劳动力的需求。最初只有一小部分有才能的、贫困的个人获益，如果这些人不能获得信贷就不可能成为企业家。但是新企业家通过创建和扩大自己的公司，最终会有更多的工人受益于就业率和工资的增加。

自然的政策实验是检验金融发展影响经济机会的另一种方法，评估了金融政策变化的影响。运用政策实验的关键因素是识别政策是外生变化的（Demirguc - Kunt 和 Levine，2009）。Burgess 和 Pande（2005）考察了 1977 到 1990 年间印度政府关于银行分支机构政策的变化。研究发现印度银行业分支机构政策的变化导致贫困人口更快的下降，并且农业工人工资增长得更快；另一个常常被提到的自然政策实验是美国各州放松对银行在地理上的限制。Beck、Levine 和 Levkov（2008）考察了放松银行管制对不平等的影响和金融影响不平等的机制，发现放松地理管制的州相对于其他州，度量收入不平等程度的基尼系数显著下降。重要的是，放松管制通过帮助穷人减少了不平等，但并没有损害富人的利益。他们的研究结果同样强调了金融发展的间接效应对不平等的影响，放松管制增加了对低技术工人的需求，提高了低收入者的相对收入水平。另外还有学者研究了美国各州放松银行管制对穷人积累人力资本的影响（Levine 和 Rubinstein，2008），以及放松管制对经济机会的影响（Levine et al.，

2008）。结果发现放松银行管制的各州有更低的辍学率，种族间的收入差距缩小。

还有一些研究利用家庭数据评估了金融服务的可获得性对家庭的子女教育和健康的影响。利用秘鲁的家庭数据，Jacoby（1994）考察了来自不同家庭背景的孩子受教育情况。结果发现受到借贷约束的低收入家庭，其子女所受教育偏低；Jacoby 和 Skoufias（1997）也发现在印度农村，无法获得信贷服务的家庭当面临暂时性的不利冲击时，将减少他们子女受教育的时间。另一些研究发现金融市场不完善导致辍学率上升（Edmunds，2004；Beegle et al.，2006）；金融还可以通过影响子女健康使得代际间相对收入差距的持续（Foster，1995；Gertler et al.，2003）。

2.3.2.2　对企业和产业的影响

研究者利用跨国的企业和产业层面数据，检验了金融发展是否更加有利于面临严重信贷约束的小企业。Beck、Demirguc – Kunt、Laeven 和 Levine（2008）和 Beck、Demirguc – Kunt 和 Maksimovic（2005）分别利用产业和企业层面数据评估了这种可能性。结果表明金融发展减少了企业快速发展所面临的障碍，对小企业的影响更加明显。最新的调查研究也认为金融服务的可获得性与企业更快的创新率有关（Ayyagari et al.，2007）。另一些研究检验了新创办企业和随后几年增长率的数据。利用发达国家和转型国家不同产业的新创办企业数据，Klapper、Laeven 和 Rajan（2006）发现有助于企业获得金融服务的金融改革对新企业创办和随后几年增长率有正的影响。

研究者还利用国别数据检验了金融与企业业绩的联系。Banerjee 和 Duflo（2004）研究了印度的直接信贷计划对中小企业的影响，该计划通过补贴贷款利率来支持印度中小企业的发展。结果发现当这些企业能够以优惠利率借款时，他们没有以优惠贷款替代原来成本昂贵的融资，而是利用这些优惠贷款扩大生产规模，表明这些企业面临着严重的信贷约束。印度金融体系的不发达剥夺了小企业的经济机会。Black 和 Strahan（2002）与 Kerr 和 Nanda（2007）的研究表明美国各州放松银行管制提高了新企业创办率，更有利于小企业的发展。这些研究都认为改善银行体系运行的政策变化提高了非金融部门的竞争，尤其是减少了新企业的进入壁垒。

2.3.2.3　对总体经济的影响

为了评估金融部门运行与收入分配的关系，研究者还检验了金融发展对一国基尼系数变化的影响。Beck、Demirguc – Kunt 和 Levine（2007）的研究控制了实际人均 GDP 增长率，滞后的基尼系数和其他一系列国别特征变量，并且运用面板工具变量方法控制了内生性和其他潜在偏误，发现金融发展与基尼系数增长率之间存在相反关系，金融发展更有利于相对贫困人口的收入增长。这个结果与 Clarke et al.（2006）和 Li et al.（1998）的研究类似，金融发展降低了收入不平等及其增长率。另外一些研究则发现了金融发展与贫困及其增长率之间的反向相关关系（Beck et al. , 2007）。

2.4　文献评述

本章回顾了金融发展与经济增长和收入分配关系的理论和实证研究文献。关于金融发展的增长效应，理论阐明了金融工具、金融市场和金融工具的出现影响了经济增长的多种途径。尤其是 20 世纪 80 年代末以来，经济学家以内生增长框架研究了金融发展与经济增长的关系，把不确定性、信息不对称、不完全竞争、质量阶梯、外部性以及流动性约束等因素纳入到模型当中。同时，大量的经验研究，包括企业层面的研究、产业层面的研究、国别研究、时间序列的研究、面板数据的研究以及跨国的比较研究，表明金融体系的功能与长期经济增长之间存在强的正相关关系，金融中介和金融市场促进了经济增长。

关于金融发展的分配效应及其扶贫作用，理论研究表明金融发展更有利于穷人，缩小了收入分配差距。金融发展降低了获得金融服务的固定成本，有助于低收入者获得更多的教育和更好的医疗，帮助有才干，但没有资本的人实现创业的梦想，从而减少了机会的不平等，提高了经济总体的效率。除了直接改善低收入者的福利，金融发展还能使低收入家庭面临不利的冲击时，减少其子女的辍学率。金融发展提高了经济活力，刺激劳动力的需求，从而提高了低收入者的收入和就业率。对于金融分配效应的实证研究多种多样，包括跨国比较研究、跨国的企业和产业层面的研究、政策实验以及一般均衡模型，结果表明与富人和大企业相比，金融发展更加有利于低收入者、贫困家庭和小企业。

尽管自20世纪90年代以来，金融发展与经济增长和收入分配关系的研究有了长足的进展，理论模型的假设更贴近现实，并采用多种方法进行实证研究，提出的政策主张也更符合实际，但金融发展与经济增长和收入分配关系的研究还存在不足，需要在以下几个方面进行深入发展：

（1）金融发展与经济增长关系的理论研究主要关注的是金融促进经济增长的微观机制，主要从微观功能上说明金融的发展对经济增长的影响，分析了金融体系在某一个方面的发展对经济增长的影响，但现有的研究没有在统一宏观层面上的内生增长框架中来探讨金融与经济增长之间的关系。金融体系在某些方面的发展可能对经济增长有利，也可能对经济增长不利，因此从宏观层面来看，金融发展与经济增长之间的关系难以确定，从宏观层面的统一框架来进行深入研究对于认识金融与增长之间的关系可能更加重要。

（2）金融创新变得越来越重要，成为高新技术企业融资的主要渠道，对经济增长有着不可忽视的作用。金融创新支持了技术创新和新技术的采用，而技术创新本身又对金融体系的运行产生重要影响。金融体系一次又一次的创新直接推动了金融体系的深化和发展，而现有的理论却忽视了金融创新对经济增长的影响（朱波，2007）。

（3）现有理论过于强调金融体系有利的一面，而对金融发展的危害性认识不足。金融发展过度以及推行不良的金融发展政策可能会导致金融危机，损害实体经济。比如1980年代初的拉美债务危机、1994年的墨西哥危机和1997年爆发的东南亚金融危机等。因此，金融发展是有成本的，可能存在与经济发展水平相适宜的最优金融规模，金融发展与经济增长之间很可能是非线性关系。人们对金融与增长的非线性关系虽然进行过初步探讨，然而这一领域需要进行更深入的研究。

（4）理论对金融中介的研究主要集中于银行中介，而没有对其他类型的金融中介的相关问题进行研究。众所周知，养老金、共同基金、投资银行、保险公司、证券公司、信用评级机构和投资咨询公司等非银行金融中介在金融体系中甚至在经济发展过程中发挥着越来越重要的作用，这些金融中介在金融体系中的份额不断上升，其发展程度将直接影响国民经济的运行。

（5）在实证研究中金融发展指标的选择存在问题。理论认为金融体系通过减少信息和交易成本，改善公司治理、风险管理、资源动员和便利交易的功能，从而影响了经济增长。然而，在实证研究中金融发展指标没有直接度量这些金融功能。尽管许多国别研究的金融发展指标越来越接近理论，跨国的金融发展指标需要得到改善。金融与收入分配关系的研究同样存在金融服务可获得性的度量问题。尽管 Beck、Demirguc – Kunt 和 Peria（2007）与 World Bank（2007）最近开始构建关于利用金融服务的跨国比较数据，缺乏金融服务可获得性的数据限制了关于金融通过哪些渠道影响不平等的研究。

（6）计量方法仍然存在一定的问题。在金融发展与经济增长和收入分配关系的实证研究中，尽管存在变量内生性问题、因果关系问题、控制变量选择问题和国别效应问题，但估计方法从原来的简单 OLS 回归，到面板回归模型，再到动态面板回归和面板向量自回归模型，以及法律等工具变量的加入，在一定程度上克服了这些问题。但这些计量方法仍存在两个方面的问题：即是否充分地控制了国别效应；所考察的金融发展的增长效应和分配效应是否具有稳健性。（7）现有的实证研究只是在宏观层面上检验金融发展是否促进了经济增长，但金融是通过何种途径促进经济增长的或者说金融影响经济增长的传导机制是什么没有给出明确的理论解释。因此，金融与经济增长关系实证研究的一个重要方向是在微观数据层面，研究金融对经济增长的传导机制。

第 3 章

金融发展与经济增长：中国的经验分析

在现代市场经济中，金融发展已成为国际社会衡量一国经济发展速度和社会进步的主要指标之一。近年来的研究也肯定了金融发展能够显著促进经济增长的结论。一般说来，金融发展对经济增长的影响是通过"资本积累"和"技术进步"两条途径来实现的（Levine，1997）。金融体系不仅通过其储蓄动员功能促进了资本的积累，更重要的是通过其市场配置功能把资金配置到最有效益的用途上，促进了技术进步和经济增长。

中国经济在过去 30 多年间的持续快速增长过程中，金融体系发挥着怎样的作用，促进经济增长的机理是什么？这种模式是否可以持续？经济"新常态"下金融体系应该怎样改革以适应经济增长方式的转变？这些问题引起了国内外的广泛关注。回答这些问题，对于中国选择金融改革的发展方向，实现可持续增长具有重要的现实意义和理论价值。随着市场约束机制的变化，受世界经济的动荡和国内经济周期的影响，金融支持政策的收益逐渐下降，成本却在递增。中国金融体制应深化改革，提高金融体系的资本配置效率，促进技术进步和生产效率的改进成了一个新的课题。在这一背景下，通过金融手段反贫困又赋予了更多的内涵。

3.1 储蓄动员型金融发展与经济增长

中国近 30 多年取得的经济发展成就是举世瞩目的。1978 - 2015 年中国经济经历了高速增长，GDP 规模从 1978 年的 3650.17 亿元增长到 2015 年的 67.67 万亿元。改革以来的经济增长绩效在很大程度上应归功于经济转型、发展协调战略的制定以及相应的渐进式改革方式的路径选择（张兴胜，2002）。转型与发展协调战略的推行，要求在市场化改革进程中始终着眼于经济增长目标的实现。转型初期，公有经济在国民经济中占据很大的比重。1978 年，公有经济部门的工业总产值占比高达 99.6%，吸纳了城镇就业人口的 99.8%（W. 哈根、张军，1996）。改革初期公有经济部门产出的急剧下降势必导致总产出的减少。因此，受初始条件及意识形态约束，中国转轨前期要避免经济衰退，必须保持公有经济部门的快速增长。

公有经济部门的高速增长离不开资本积累，对于像中国这样的发展中国家来说，在劳动、资本与自然资源等生产要素中，资本一直是稀缺程度最高的资源。中国在改革开放初期储蓄缺口和外汇缺口同时存在（表 3.1 所示），是经济增长的主要"瓶颈"。只有通过加快资本积累，才能在其他要素的配合下尽快摆脱贫穷落后的状况。因此，资本形成约束是我国在改革初期阶段的基本约束条件。

表 3.1　改革以来中国投融资及对外开放间的关系

阶　段	1978－1994	1995－2002	2003－2006	2012－
投融资	银行贷差	银行存差	银行存差	银行存差减小
对外开放	开放度低，逆差	开放度高，双顺差	开放度高，贸易顺差剧升	开放度高，贸易顺差降低

　　资料来源：中国经济增长与宏观稳定课题组（2007）及中国人民银行网站相关资料。

　　在转轨时期，由于传统的隐形税收机制崩溃，导致公有经济部门资本形成能力急剧下降，面临严峻的资本形成困境。财政途径资本形成规模的持续下降，使内源融资的重要性日益提高。但是，在改革初期，企业在一段时间内资本积累水平不高，企业发展所需资金没有足够的利润自筹。因此，政府和企业自身都没有能力为企业部门的资本形成融资。在中国渐进改革中，随着扭曲的农产品及劳动力价格体系的逐步调整，"放权让利"改革的推进及高储蓄倾向的存在，居民部门的金融剩余迅速增长，成为宏观经济中唯一的资金盈余部门。利用政策手段动员居民部门的金融剩余来弥补公共部门赤字，就成为政府的必然选择。

　　为了动员居民储蓄，以弥补国家财政的迅速下降，国家在改革初期迅速扩展其垄断金融产权的边界，金融发展水平不断上升，金融规模不断扩张。同时，为了支持公有企业的发展，政府采取了管制性金融动员的金融支持政策。依托国有银行的信用主导地位，政府推行了存款利率管制、金融市场准入管制、金融组织体系控制及限制资产替代等一系列政策，获得政府市场准入特许的银行可以在没有其他替代金融产品可供选择的条件下，通过较低的利率尽可能多的动员居民的金融剩余，获得金融租金，这部分租金等于居民部门提供的一种补贴。然后通过政策性信贷投放、信贷规模及投向控制、高准备金制度、差别贷款利率、央行专项再贷款投放等措施对重点产业和企业进行了强有力的融资支持。获得低利率贷款的企业将得到这笔隐形补贴，赢得资本积累的新来源。

据胡和立（1989）估算，1988 年市场利率和政府管制利率利差带来的金融租金相当于国家当年财政收入的 48.3% 和中央财政收入的 146.9%。通过推行金融支持政策，政府扶持的国有企业获得了巨大的金融租金，支持了国有企业的资本积累，带动就业和保持宏观经济稳定，进而通过国有企业对非国有企业的商业信用，以及技术和人才的交流，同样支持了非国有经济部门的高速发展。银行贷款成为 20 世纪 80 年代中期到 90 年代产业投资的主要来源（表 3.2）。

表 3.2　全社会固定资产投资资金来源构成

年　份	国家投资（亿元）	比重（％）	国内贷款（亿元）	比重（％）	利用外资（亿元）	比重（％）	其他投资（亿元）	比重（％）
1981	269.76	28.1	122.00	12.7	36.36	3.8	532.89	55.4
1985	407.80	16.0	510.27	20.1	91.48	3.6	1533.64	60.3
1986	455.02	14.6	658.46	21.1	137.31	4.4	1869.19	59.9
1987	496.64	13.1	871.98	23.0	181.97	4.8	2241.11	59.1
1988	431.96	9.3	977.84	21.0	275.31	5.9	2968.69	63.8
1989	366.05	8.3	762.98	17.3	291.68	6.6	2990.28	67.8
1990	393.03	8.7	885.45	19.6	284.61	6.3	2954.41	65.4
1991	380.43	6.8	1314.74	23.5	318.89	5.7	3580.44	64.0
1992	347.46	4.3	2214.03	27.4	468.66	5.8	5049.95	62.5
1993	483.67	3.7	3071.99	23.5	954.28	7.3	8562.36	65.5
1994	529.57	3.0	3997.64	22.4	1768.95	9.9	11530.96	64.7
1995	621.05	3.0	4198.73	20.5	2295.89	11.2	13409.19	65.3
1996	625.88	2.7	4573.69	19.6	2746.60	11.8	15412.40	66.0
2000	2109.50	6.4	6727.30	20.3	1696.30	5.1	22577.40	68.2
2006	4672.0	3.9	19590.5	16.5	4334.3	3.6	90360.2	76.0
2014	26745.42	4.9	65221.03	12.0	4052.86	0.74	447461.24	82.3

资料来源：《中国统计年鉴》2015。

3.2　储蓄动员型金融的激励逻辑

政府通过金融支持政策，动员了居民部门的金融剩余，并配置到政府扶持的产业和国有企业，加快了资本的形成，推动了经济结构转型和"廉价"的工业化，被称为干中学的增长阶段。在此阶段的主要特征就是快速的资本积累和工业化。随着人均资本的增加，人均产值也呈加速增长之势，表现出规模报酬递增的特征（刘霞辉，2003）。另外，通过资本积累，带来了技术进步，推动了生产效率的改进。投资不仅产生新机器，而且产生新的工作方式——这是因为有时是有意识地对研究工作进行投资，有时则是无意中所发现的副产品（多恩布什等，2000）。

依据这些特征，本书构建一个基于干中学的金融发展模型，分析了金融发展通过资本积累渠道和投资的干中学效应，促进中国经济增长的机理。不失一般性，考虑单产品的经济系统，每个企业 j 都有下面形式的生产函数（Frankel，1962）：

$$Y_j = \overline{A} K_j^\alpha L_j^{1-\alpha} \tag{3.1}$$

式中，K_j、L_j 为企业使用的资本和劳动力。如果所有企业都面临着相同的技术以及相同的要素价格，那么它们会以同样的比例使用生产要素。因此，总产出可以用同样的形式写出：

$$Y = \overline{A} K^\alpha L^{1-\alpha} \tag{3.2}$$

从（3.2）式可以看出，资本积累的边际报酬是递减的，与干中学的赶超阶段所表现出来的特征不符，这是因为还没有考虑到资本投资的副产品。比如，随着投资的增加，生产经验越来越丰富，而

且国外的投资所带来的生产技术、管理经验等，会使生产效率随之
提高。假定技术进步是劳均资本的函数：

$$\bar{A} = A \ (K/L)^{\beta} \tag{3.3}$$

为简化过程，考虑一种特例，即 $\alpha + \beta = 1$ 的情况。把（3.3）代
入（3.2）式：

$$Y = AK \tag{3.4}$$

最终产品既可以用来消费，又可以用来投资，投资折旧率为 δ。
总投资等于：

$$I_t = K_{t+1} - (1 - \delta) \ K_t \tag{3.5}$$

考虑一个无政府的封闭经济，产品市场均衡要求总储蓄等于总
投资。新古典经济增长模型没有考虑金融系统在增长中发挥的作用，
假设储蓄能自动地完全转化成投资。然而在储蓄向投资过程中存在
严重的信息不对称和过高的交易成本，金融合约安排能降低这些摩
擦成本并动员储蓄。在改革开放后，中国政府通过政府主导的金融
支持政策引导居民储蓄向投资转化，金融发展水平的提高促进了资
本的形成和经济增长。假设总储蓄只有 ϕ 转化为投资，且 ϕ 与金融
发展水平有关：

$$\phi S_t = I_t \tag{3.6}$$

结合（3.4）式、（3.5）式和（3.6）式，可以得到稳态条件下
的经济增长率：

$$g = A \ \frac{1}{Y} - \delta = A\phi s - \delta \tag{3.7}$$

其中 s 是储蓄率。金融发展通过提高储蓄－投资转换效率，促
进了资本的快速积累和经济增长。但是，金融发展也会影响到居民
的储蓄行为（Pagano，1993）。金融发展水平越高，居民面临的流动
性约束和不确定性就越小，谨慎性储蓄需求就越少，降低了储蓄率，

从而对长期的增长产生不利影响。中国金融的发展主要表现为数量而非质量的增长，随着市场化的推进，居民面临的不确定性增大，因此，储蓄率一直居高不下。模型结果表明，政府的金融支持政策通过强制动员居民储蓄，并配置到扶持的行业和企业，加快了资本形成，推动了经济的高速增长。

3.3　储蓄动员型金融模式的困境

市场化改革后，随着传统的隐形税后机制的瓦解，动员性扩张的金融发展模式取代了财政投资的主导地位，成为公有经济融资的主要渠道，支撑了经济的高速增长，保证了转型与发展协调战略的顺利实施。然而，政府为了保证金融剩余投入到其偏好的产业和企业，采取一系列制度安排，加强了对金融系统运行的干预，再加上国有企业的预算软约束，导致金融异化为"第二财政"。由于承担了金融支持的职能，银行业经营风险过高，资本配置效率低下，不良信贷资产积累和投资过度，承担了改革的成本，并通过银行免于破产的国家隐形担保机制，最终由政府承担了宏观经济不稳定成本。

改革开放以来，中国金融发展的本质特征是金融增长而非金融发展，即数量增长而非质量提高，或者说"高增长、低效率"。这体现在：金融资产规模迅速扩张，以货币化程度衡量的金融深化程度已达到很高水平，快速的货币化弥补了中央财政收入大幅下降的不足，保证了中国政府在转轨过程中可以依赖金融控制推进改革。但中央对金融业的控制导致金融改革滞后于经济改革，金融发展依附于经济增长，金融效率服从经济效率。因此，伴随金融资产的高增长，金融资产结构却单一，整个社会投资渠道狭窄，金融竞争不足，效率低下。这些年的金融改革虽然"显著"，但"不深刻"。由于国有金融主导、政府控制和产权结构单一，使得金融功能财政化，带来了金融资产配置的非效率特征。地区间复制金融结构，互相封锁金融资源的流动，致使资金条块分割和金融组织结构的空间分布均齐化。

动员性扩张的金融支持政策在一定阶段有其经济合理性，但这并不意味着这种发展政策是最佳的，只能算是特定发展阶段的次优选择，况且这一机制要受到开放条件和不断推进的市场化进程的约束，不可能一直持续下去。在未来的经济增长中，由于市场条件的改变，转轨时期的金融制度安排势必需要进行转型。

首先，随着经济的快速增长，中国逐渐从加速增长阶段过渡到新古典和内生增长阶段，通过高投资得到高增长的机制失灵。中国的经济增长可分为四个阶段，即起飞阶段、早期经济增长、新古典增长阶段和内生增长阶段。在不同增长阶段，经济发展的主要推动力不同。改革后的中国一直处于加速赶超阶段。此阶段的增长轨迹是一个递增的曲线，大规模要素积累是赶超曲线中一个最主要特征。但经济体的加速经济增长并不是永远持续的，而是有一时间限度，即当人均资本存量达到某一水平后，随着人均资本存量的进一步增加，人均产出将在越过该点后呈递减的增长趋势，其后也就是遵循新古典增长的足迹。当经济过渡到新古典增长阶段，尤其是内生增长阶段后，技术进步就成为经济增长的源泉，而资本形成对经济增长的推动作用会越来越小。

其次，动员性扩张的金融支持政策产生的成本越来越大。资金价格控制政策导致金融资源配置低效配置。利率管制政策剥夺了金融机构承担贷款风险的积极性，便利了金融机构人员的寻租，导致银行资金的微观配置机制扭曲。国家对金融组织形式的管制使得社会金融资源集中于国有银行，四大国有商业银行在储蓄存款吸纳、信贷资金投放、中央银行公开市场业务等方面都占80%以上的比重，处于垄断地位。非竞争性金融市场结构导致金融市场的经济效率低下，造成了市场运作效率损失。另外，国家通过行政干预的方式指导银行进行贷款，加大了代理人风险。政府和银行间委托、代理双方的信息不对称及激励不相容造成了大量的不良债权，成为实现政府金融支持目标的必然代价。银行坏账大部分只能视为国家为发展经济进行的"透支"或"补贴"。为了控制风险，在上个世纪末，政府就着手处理巨额不良资产。为了补充国有银行资本金，1998年财政部发行了2700亿特种国债；1999年四家资产管理公司成立，剥离了13939亿元不良资产。2004年初，政府动用外汇储备450亿美元补充中国银行和建设银行的资本金；2005年，汇达公司成立，以处置中央银行再贷款形成的巨额不良资产（李扬、彭兴韵，2005）。

第三，在动员性扩张的金融支持政策下，与高储蓄相伴的是低效率的高投资。同时，由中央和地方政府提供的各种激励政策导致资源配置方式严重扭曲，由于资源定价错位，高投资的同时是高能耗、高污染、土地资源快速消耗，而这些宏观成本由政府承担。中国在市场化中，以资本投入为主要竞争手段，这种粗放式增长导致的资源、环境、国内市场需求、弱势产业、区域和行业差距等问题，已直接影响到中国经济增长的可持续性（卫兴华等，2007）。从政府承担宏观成本的边界来看，政府根据社会福利最大化目标确定增长的宏观成本边界和高成本增长的临界点。政府容忍并承担企业高投资、高耗能、高污染的宏观成本，可以最大限度地动员经济可用资源，最大限度地发挥经济产出能力，这种增长模式在一定的产出范围内具有合理性。但是，这些政府干预的风险承担机制在促进经济增长的同时造成了结构扭曲，并积累了宏观风险。在相对封闭的条件下，政府可能还有余地和能力来"自觉主动"地逐步化解扭曲带来的风险，在金融开放后，政府干预能力下降，国际投资者会通过广义的套利行为对扭曲结构进行"强行矫正"。因此，经济增长方式必须转型，这就要求改变传统的金融支持政策，减少资金价格扭曲，把稀缺的金融资源配置到效率更高的部门，向低成本、高效率的投资模式转型。

第四，中国经济多年的高速增长过度依赖于投资和出口。我国正处于经济赶超阶段，加快投资，促进资本形成是经济增长的主要推动动力。有效的金融支持政策动员了国内具有的设备和技术供给能力，成为推动传统消费品工业超速发展的体制动力。急剧增加的轻工产品迅速改变了市场供求结构，供大于求的局面逐步出现。经济发展的瓶颈从生产能力的不足转移到消费能力的不足。国内需求的增加赶不上总产出的增加，原因在于劳动者的收入增长因有大量潜在劳动力的存在而受压制，所以远低于人均产出的增长，这时会出现国内需求不足而抑制增长的状态。摆脱困境的办法是扩大外部需求，通过出口来保证总需求增长，这成了每个经济出现起飞的国家的定则。但是，在内需开发不充分的情况下，一旦外部环境恶化，这种模式就存在硬着陆的危险。今年以来源于西方的金融危机席卷全球，把这种风险显性化。因此，内需尤其是消费需求，就成为制约经济平稳发展的关键因素。传统的金融制度安排需要改革，从促生产向平衡生产和消费协调发展转变。

综上所述，动员性扩张的金融支持政策在一定阶段促进了经济的发展，但是也伴随着一系列经济发展的成本，比如降低了资本配置效率，过度投资产生的宏观经济成本和经济持续增长的外部风险加大等。随着国内市场进一步开放，经济约束条件的改变，金融支持政策的收益逐渐减少，成本递增。因此，中国金融体制应深化改革，以提高资本配置效率，推动消费型经济的增长。

3.4 从储蓄动员型向市场配置转变

在未来的经济增长中，随着中外技术差距的缩短，特别是技术复杂程度的提高，干中学经济增长源泉逐步枯竭，在经济增长中的相对重要性将难以避免地下降，从而需要引入技术进步的增长源泉。鉴于技术进步推动的经济增长并非完全由社会总投资规模决定，而取决于金融系统的资本配置效率，当经济进入技术进步构成经济增长的主要推动力阶段时，国家的动员性扩张金融政策所产生的逆向选择和道德风险问题的代价将越来越大，最终将不能由信用扩张加速的经济增长弥补。

中国的数量型扩张金融正逐步向市场配置的方向转型。从银行业改革来看，银行的经营越来越商业化。中国的金融体系一直以银行为中心，银行起着配置国家经济资源的作用。1994 年宏观调控后，银行开始从政府配置资源的工具向现代商业银行转变。首先是对几大国有银行的商业化改革，基本明确了其权利关系，经营逐步市场化；再者是同期出台了一系列关于中央银行与商业银行的法律法规，明确了金融监管规则。1997 年底消费信贷启动，结束了银行只能搞生产建设贷款的历史，为银行创造了转型和发展的机会。银行的长期贷款流向了与城市化相关的个人消费信贷和基础设施建设贷款，优化了银行的贷款和业务结构。2005 年开始，三大国有银行相继海外上市，逐步切断了与政府的天然联系，彻底商业化了。由于国有银行向商业银行的转变，国有商业银行开始表现出强烈的追求自身私人收益的冲动，而不再单纯地追求社会收益，形成了中央、地方和银行之间博弈的"三足鼎立"之势。

从信贷的角度看，已从信贷规模简单扩张转向效益优先。随着国有银行商业化的推进，银行有了风险意识。1997 年后的东南亚金融危机，导致信贷环境恶化，国家四大商业银行开始了严格的贷款管理，出现了"惜贷"现象。资金向国家集中，商业银行把存款放到央行和购买国债，货币政策尽管通过连降利率来扩张，但实质上是紧缩的，即政策上扩张和体制上收缩。银行资金投向也因为风险控制要求而进行了分散化，增加了向个人和非生产型企业的抵押贷款规模。

从货币价格的角度看，市场化机制正在形成。1996 年建立了全国同一的银行间同业拆借市场，同年 6 月开放了同业拆借利率，试行了部分国债发行利率的市场招投标制，实现了国债一级市场、二级市场的利率市场化；1997 年 6 月，建成了银行间债券市场，实现了银行间债券利率的市场化；1999 年 7 月，中央银行放开外资银行人民币借款利率；2000 年 9 月，放开了外币存贷款市场，实现了外币存贷款利率的市场化。2005 年汇率改革，加大了汇率弹性。目前，银行的利率市场化和人民币国际化正在加速推进过程中。

但是，中国金融系统功能仍然不够完善，市场化水平有待进一步提高。政府干预、以银行为基础的金融体系并未彻底改革，国有银行垄断了信用，国家集中了金融资源的同时也集中了大量风险；直接融资与间接融资结构不平衡，市场配置金融资源的能力差；金融系统的配套制度不完善，信息披露、信用评级等基本市场约束与激励机制尚未完全发挥作用；政府的金融监管滞后，不能适应金融业的发展要求。

3.5　中国金融资产结构的演进

随着我国经济的发展、金融的深化以及新的金融供给的不断出现，经济中的各类经济主体也会随之调整其持有的金融资产组合，反映在宏观上则是全社会金融资产结构的变化。金融资产结构是否恰当，直接影响到宏观经济稳定和金融深化进程的快慢（易纲和宋旺，2008）。同时，从金融资产结构的变化中也可以考察中国金融深化进程和金融改革对中国经济运行的深刻影响①。

3.5.1　中国金融资产总量的分类统计

按照 IMF 的定义，金融资产包括通货和存款、非股票证券、贷款、股票和其他股权、保险准备金、货币黄金和特别提款权、金融衍生产品和其他应收应付账款。虽然 IMF 界定了金融资产的范畴，但对于各类金融资产之间的关系却缺少说明。Glodsmith（1969）则对一国金融资产进行了逻辑鲜明的分类。他把全部金融资产分为债权和股权两类，然后把债权细分为对金融机构的债权和对非金融机构的债权。

遵循易纲和宋旺（2008）的研究，采用 Glodsmith（1969）的方法对国内金融资产进行分类，具体的统计项目则遵循 IMF 的规定；同时，本书采用国家外汇管理局对中国国际投资头寸的分类方法对国外金融资产进行分类。需要说明的是，由于我国缺乏金融衍生品的相关统计数据，因此文中的金融资产定义不包括金融衍生产品。仅仅考察金融资产规模绝对量的增长是没有意义的。因此本书采用各种金融资产/国民生产总值来度量金融上层结构与经济基础的相对规模，并参考 Demirgüc—Kunt 和 Levin（2001）的处理方法。统计结果见表 3.3。

1978—2014 年间我国金融资产总量以及金融资产结构变化主要表现在以下几个方面：

---

① 易纲和宋旺，中国金融资产结构演进：1991－2007，经济研究，2008，8：4－15；王广谦，中国经济增长新阶段与金融发展，北京：中国发展出版社，2004。

（1）金融资产总量快速增长，经济金融化程度不断加深。1978－2014 年间，我国经济快速增长，国内生产总值的实际年均增长率约为 9.74%。但金融资产总量的增速比经济基础的增速更高，金融资产总量占国内生产总值的比率由 1978 年的 97.6% 上升到 2014 年的 452.71%，年均增幅超过 4%，也就是说金融资产总量的增长速度比 GDP 的增速还要快 4 个百分点。由于未统计金融衍生品，金融资产总量被低估，如果把金融衍生品考虑进来，金融资产总量的增速则更快。因此，这表明随着改革红利的逐步释放，中国的货币化进程虽然有所放缓，但是我国的金融深化非但没有停滞反而呈加速发展态势。

（2）货币性金融资产一直是我国金融资产的主体，近 30 年来一直保持快速的增长。在货币性金融资产内部，现金所占的比重在逐步下降，由 1978 年的 16.5% 下降到 2014 年的 6.0%。银行卡作为个人支付工具的推广，居民工资直存率的提高，银行划账转账、票据贴现和支票清算等基本业务电子化服务的普及，以及互联网金融发展带来的线上支付方式的便捷化，都使得流通中现金量减少。

（3）贷款总量相对于经济基础的规模在 20 世纪 80 年代上升了近一倍。这表明随着改革开放后我国投融资体制的变化，企业的资金需求从财政拨款改为贷款后，银行贷款成为企业外源融资最重要的方式。随着金融体制改革的深化，金融市场的逐步建立，金融品种、金融机构结构的健全，债券市场、股票市场逐步发展起来，企业融资方式选择逐步多样化。从 20 世纪 90 年代起至今，贷款总量相对于经济基础的规模几乎没有变化，但中长期贷款相对于经济基础的规模上升很快，短期贷款与国民生产总值的比率则出现了负增长。

表3.3　中国金融资产总量统计

（单位:亿元;%）

项目	1980 数额	占比f	1990 数额	占比	2000 数额	占比	2005 数额	占比	2015 数额	占比
一、国内金融资产（1+12）	4694.64	96.59	36313.5	177.29	313655.59	297.15	605989.6	311.5	3122749.79	461.46
1. 对国内的总债权（2+7）	4694.64	96.59	36313.5	177.29	265564.69	259.05	573559.3	292.45	2591445.59	382.95
2. 对国内金融机构债权（3～6）	2046.34	41.78	16915.64	81.83	150075.86	143.89	346156.8	173.96	1447379.43	213.89
3. 流通中现金	346.2	6.97	2644.4	13.52	14652.7	14.37	24031.7	12.46	63216.58	9.34
4. 存款	1689.66	34.69	13942.94	66.74	123804.35	118.9	287163.02	144.75	1249683.56	184.67
企业存款	561.01	11.71	4063.9	19.60	44093.73	41.55	96143.74	49.52	454751.75	67.20
财政存款	160.68	3.52	427.11	2.41	3508.09	2.88	7989.95	3.89	34452.25	5.09
机关团体存款	146.94	2.93	597.02	2.92	2224.27	2.06	12052.14	5.53	208092.47	30.75
储蓄存款	278.77	5.46	7119.56	33.30	64332.38	63.37	141050.99	71.37	551927.79	81.56
活期	50.17	1.1	6148.8	30.20	18190.7	16.8	48787.45	24.7	206146.28	30.46
定期	228.6	4.48	650.6	2.90	46141.7	46.57	92263.54	46.66	345781.50	51.10
5. 金融债券	—	—	89.88	0.45	8244.91	7.51	19729.6	9.33	10479.29	1.55
6. 保险准备金 a	10.48	0.12	238.42	1.12	3373.9	3.12	15226	7.41	124000	18.32

56

续表3.3

项　目	1980 数额	1980 占比 f	1990 数额	1990 占比	2000 数额	2000 占比	2005 数额	2005 占比	2015 数额	2015 占比
7. 对国内非金融机构债权(8~11)	2648.3	54.81	19397869	95.46	115488.83	115.16	2227402.5	118.49	1144066.16	169.06
8. 贷款	2478.1	51.87	17511.02	86.01	99371.1	98.72	194690.4	101.92	939540.16	138.84
短期贷款	—	—	—	—	65748.07	66.28	87449.16	47.76	342377.30	50.59
中长期贷款	—	—	—	—	23545.97	22.76	81369.54	43.31	525389.61	77.64
信托贷款	—	—	320.5	1.58	2409.7	2.51	3126.17	1.6	53900	7.97
其他贷款	—	—	399	2.02	3282.1	3.4	22745.52	9.48	17873.25	2.64
9. 财政借款	170.2	2.94	801.1	4.03	1582.1	1.62	0	0	0	0
10. 政府债券 e	—	—	890.3	4.50	13674	13.98	28774	14.94	58226	8.60
11. 企业债券	—	—	195.44	0.93	861.63	0.84	3938.1	1.63	146300	21.62
12. 股票 b	—	—	—	—	48090.9	38.1	32430.3	19.05	531304.20	78.51
二、国外金融资产(13~16)c	47.7	1.01	1790.6	7.57	16275.6	16.16	98666.3	48.08	403590.23	59.64
13. 对外直接投资	—	—	213.1	0.95	2298.7	2.31	5205.3	2.62	73332.22	10.84
14. 证券投资	—	—	—	—	—	—	9417.9	4.66	16967.78	2.51
15. 其他投资	—	—	—	—	—	—	17407.4	8.54	92111.72	13.61

续表 3.3

项目	1980 数额	1980 占比 f	1990 数额	1990 占比	2000 数额	2000 占比	2005 数额	2005 占比	2015 数额	2015 占比
16. 储备资产	47.7	1.01	1577.5	6.63	13976.9	13.85	66635.6	32.26	221178.51	32.68
货币黄金	8.7	0.2	32.5	0.16	47.8	0.05	338.9	0.19	3909.15	0.58
8. 贷款	2478.1	51.87	17511.02	86.01	99371.1	98.72	194690.4	101.92	939540.16	138.84
特别提款权	1.4	0.02	29.3	0.15	66.1	0.07	96.8	0.05	668.84	0.10
在基金组织的储备头寸	2.9	0.03	22.5	0.11	157.7	0.18	113	0.11	292.21	0.04
外汇	34.6	0.76	1493.2	6.20	13705.2	13.55	66086.9	31.91	216262.85	31.96
三. 金融资产总量	4742.34	97.6	38104.1	184.86	329331.19	313.31	704655.8	359.58	2915365	430.82

注:a. 按照 IMF《货币与金融统计手册》(2000) 中的定义,保险准备金包括住户在人寿保险和养老保险基金中的净股权和针对未了结索赔未来权的保险费。鉴于中国没有官方公布的保险准备金数据,本书采用保险业的年度数据。事实上,1999 年开始之前我国保险业的规模很小,因此近似值。但官方公布的金融资产总量忽略略保险准备金。b. 用股票市价总值表示。c. 国家外汇管理局在统计 1999 年以前中国的金融资产头寸时资产头寸表中获得,并且因为其他投资资产以及 13 和 16 加总值计了 2004—2008 年的中国国外金融资产数据可以直接从国家外汇管理局公布的中国国际投资头寸表中获得。本书根据国家外汇管理局公布的中国国际投资头寸及 13 和 16 中的数据插值估计了 2004—2008 年的国外金融资产数据的缺失,本书根据国家外汇管理局公布的国外金融资产。d. 一表示数据目前不可得。e. 债券均用面值表示。f. 此表中的占比也是指占国民生产总值的比值。

数据来源:3、4、6、8 和 9 的数据来源于 Wind 资讯;5、10、11 和 12 的数据来源于《世界经济年鉴》;13 中 2004 年以前的数据来源于《中国金融统计年鉴》,之后的数据来源于国家外汇管理局公布的中国国际投资头寸表;14 和 15 中的数据来源于国家外汇管理局公布的中国国际投资头寸表,16 中的数据来源于 IMF 的国际金融统计年鉴和国家外汇管理局公布的中国国际投资头寸。其中 1991、1996、2001、2005 和 2007 年的数据来自于易纲和宋旺 (2008)。

（4）证券类金融资产在 1990 年代以前一直是债券，并且规模非常小，但是增长的速度较快。2014 年的债券市场中，政府债券规模达 10.12 万亿元，占 GDP 规模的比率为 15.71%，而 1981 年时这一比率仅为 0.5%；金融债券余额 12.68 万亿元，占 GDP 规模的比率为 19.69%，而 1981 年时这一比率仅为 1.37%。

1990 年 12 月 19 日和 1991 年 7 月 4 日上海证券交易所和深圳证券交易所相继成立。自此中国的证券市场从无到有、从小到大，经历了二十多年的迅速发展。截至 2014 年底，境内上市公司从 1991 年的 14 家增加到 2613 家，增长了 187 倍；市价总值从 1992 年的 1048 亿元增加到 37.25 万亿元，增长了 355 倍；投资者开户数从 1992 年的 217 万户增加到 13420 万户，增长了近 62 倍；市价总值占国内生产总值的比重由 1991 年的 1.04% 增加到 2014 年的 57.78%。由于股票市值受股价的影响很大，因此与其他证券类金融资产相比，其波动相对较大。股票市值占 GDP 的比重 2001 年上升到 42.5%，2005 年回落到 19%，2007 年在股价上涨的带动下逐步回升到 83.67%。2008 年由于金融危机，股市下跌，该比率又回落至 77.79%，2015 年 6～7 月份出现的"股灾"使股市市值"断崖式下降"。因此，在经历了快速发展后，中国股市需要在严格的监管和风控框架下，通过有效的制度和规则引导其健康有序发展，避免剧烈波动对市场的破坏。

（5）保险类金融资产在我国尽管出现时间比较早，但相对来说，规模还是非常小，2014 年资产规模为 10.16 万亿，占 GDP 的 15.78%，而在 2014 年底，中国城乡居民人民币储蓄存款年底余额就达到了 48.53 万亿元，保险业的发展与我国当前的经济发展水平很不相称。但是随着民众保险意识的增强，我国保险密度和保险深度在稳步提升，例如，保险业总资产占 GDP 比重在 2000 年及 2008

年时分别只有 3.12% 和 10.66%。

（6）国外金融资产与国内金融资产相比，规模相对较小但增长幅度更大。主要是因为随着金融管制逐步放松，人民币国际化以及资本项目下可兑换的推进，国内居民和企业开始投资国外的金融资产。另外，外汇储备的快速增长也是促使国外金融资产快速增长的原因。

3.5.2 中国金融资产结构的变化

金融资产的结构是指各类金融资产在金融资产总量构成中所占的比重。由于 2004 年以前我国没有对国外金融资产进行分类统计，为统一口径，本书只对国内金融资产的结构进行分析。对比 1980 年代、1990 年代和目前的国内金融资产结构，可以发现如下变化：

（1）改革开放以前，我国实行的是大一统的金融模式，金融机构基本上只有银行一种，国内的金融资产主要是各项储蓄和贷款，储蓄中也主要表现为企业和机关团体存款，居民储蓄占总储蓄的比重不到 15%。随着改革的不断推进，各种金融机构相继出现，金融资产走向多元化，证券类资产占国内金融资产的比率存在明显的上升趋势。国债、金融债券和企业债券相继成为重要的融资方式。

政府债券在国内金融资产中的比率先增后减，这一比率目前稳定在 4% 以上。金融债券在金融资产中的比率虽有起伏，但从 90 年代开始，尤其是 1994 年我国成立了三家政策性银行，大规模发行金融债券，金融债券在金融资产中的地位是逐步上升的。企业债券在国内金融资产中的比率仍然很低。1991 年到 2001 年间，企业债券在国内金融资产中比重不升反降，从 0.73% 下降到 0.29%，2008 年这一比重才恢复到 1991 年的水平。近几年来，债券市场发展非常迅速。截至 2015 年 9 月，中国债券市场的债券托管余额达 45.30 万亿元，仅次于美国、日本，位列世界第三。其中场外市场交易量占到交易总额的80%以上，是投资者交易的最主要场所。主要的交易参与者是各类金融机构，集中度较高，投资者结构不够多元化。当前，我国债券市场券种创新不断，国际化程度进一步加深，发展态势良好，但信用债违约问题不容小觑。

（2）股票在国内金融资产中的比重存在较大的波动，但增长非常明显。1991年股票在国内金融资产中的比率不超过1%，2000年上升到15.33%，2005年回落到5.35%，但2006年、2007年又快速上升，分别达到11.8%、28.14%。由于金融危机的影响，2008年又回落到了11.47%，之后又逐步回升。2015年5月底，我国股票总市值达到10.27万亿美元，占全球股市总市值的14.7%，沪市成长为全球第二大股市，仅次于纽约证券交易所。

（3）随着社会保障体制的改革和保险业管理体制的变化，保险资产在国内金融资产中的比重明显上升，但规模仍然较小，仍有很大的发展空间。

（4）流通中现金相对于国内金融资产的比率在减小。随着我国的支付结算等金融基础设施日趋完善，现代化的支付结算系统极大地推动了非现金支付方式的运用，降低了对流通中现金的需求。由于有先进的支付清算系统的支持，近年来非现金支付工具在我国得到广泛应用。银行卡已成为我国个人使用最广泛的非现金支付工具。电子支付，如网上支付、电话支付、移动支付，在我国也发展迅速。

（5）在金融机构负债中，居民储蓄存款的比重上升很快，人民币储蓄存款年底余额保持快速增长，由1980年的395.8亿元猛增到2014年的48.53万亿元。由于财税体制改革，政府机关的储蓄不断下降，但是从2003年开始又有上升的趋势。企业储蓄存款变动不大，一直维持在11%到16%之间。

我国居民储蓄变动具有深刻的社会经济背景。第一，由于国民收入分配格局的变化和个人储蓄率的提高，全国总储蓄结构发生了巨大的变化。1979 年居民储蓄仅占总储蓄比重的 14.87%，企业和政府机关储蓄占 85.13%。20 世纪 90 年代以来居民存款比重大幅增加，近年来占比一直保持在 50% 左右。全国总储蓄结构的这种变化，表明国民经济收入有向个人倾斜的因素。第二，我国居民储蓄存款比重稳步上升也反映了随着我国住房、医疗、教育和社会保障等各项改革的推进，人们对未来不确定性的考虑增加，人们不断提高储蓄以防未来不测。第三，随着收入分配机制的改革，我国居民的收入分配差距急剧扩大，由于没有开征遗产税，富人的遗赠储蓄倾向较强，提高了整个社会的边际储蓄倾向。

3.5.3　中国金融资产结构的分析

20 世纪 90 年代以来，我国金融体系最重要的改革是积极发展直接融资。经过近二十年的努力，直接融资在我国已初显成效。到 2014 年底，股票市值、债券、保险业资产占国民生产总值的比率分别为 57.78%、35.40% 和 15.78%。我国金融业基本上形成了银行业、证券业和保险业三业分业经营、分业监管的格局。在快速发展过程中，各行业及其内部的发展是非常不平衡的，现在的金融资产结构仍然存在不合理成分，与成熟的市场经济国家相比，还有明显的差距。金融混业发展将成为我国金融产业发展的方向。

1. 债券尤其是企业债券规模过小

企业债券是一个非常庞杂的体系，它包括地方企业债券、重点企业债券、公司债券和可转换公司债券等，未经过公司制改造的非公司型企业也可以发行企业债券。我国企业债券从 1986 年开始发展，到 1993 年国家出台了规范企业债券发行的相关政策，发行规模急剧萎缩。近年来，随着企业债券的发行日趋市场化，相关的支持政策出台，我国的企业债券发展很快，但目前规模仍然偏小，企业债券作为直接融资工具的优势并未展现。

2. 中国的保险市场规模较小

随着社会保障体制的改革和保险管理体制的变化，近年来我国保险市场发展迅速。但是与发展历史悠久的国外保险业相比，我国的保险业还不成熟，规模还较小，发展空间还很大。保险市场不完善使其应有的防范风险和保障经济运行的功能难以充分发挥，无法有效分散居民所面临的不确定性风险，使得我国居民储蓄居高不下。

3. 股票相对于金融资产的比率波动过大

中国股票市场波动频繁，并表现出投机性强、风险高的特征，股票市场的发行、监管和信息披露制度还不完善，上市公司质量不高，关联交易盛行，应有的资金配置功能未得到有效发挥。

货币化发展到一定阶段之后就必须依靠货币市场和资本市场的发展这一载体才能继续深化，即经济的金融化趋势。金融资产结构的演进是货币市场和资本市场发展的结果。相对于 20 世纪 80、90 年代，我国的直接融资已获得长足进展，但与发达国家相比我国的直接融资水平还较低。

截至 2014 年底，中国间接融资比重达到 80% 以上，银行业资产占全部金融资产的比重超过 90%。这种格局既反映了银行体系配置金融资源和服务实体经济的强大功能，也反映了金融市场层次单一和体制机制缺陷，因此中国直接融资的发展空间还很大。需要从资金定价机制、融资市场结构和现代金融企业制度等多方面深化改革，提高银行业服务实体经济的能力和配置金融资源的效率。

3.6 中国农村金融的发展

在金融整体发展的依托下，中国农村金融也得到了长足的发展，形成了以农信社为基础，以农业发展银行、中国农业银行、农村信用合作社、邮政储蓄银行为主体，多种新型农村金融组织并存的农村金融体系。

1. 中国农业银行面向"三农"

中国农业银行作为国有大型商业银行和农村金融体系的重要组成部分，在支持"三农"和县域经济发展中承担骨干和支柱作用，成为服务农业现代化、产业化、农村城镇化的全国性金融机构。主要表现在：

第一，在市场定位上，坚持服务"三农"，立足商业动作，追求城乡联动、相互促进。

第二，在资源配置总量上，将县域组织的资金原则上用于县域，"三农"贷款高于全行平均水平，县域贷款总额超过50%，并一直在人力资源和财务资源配置上向县域支行加大倾斜力度。截至2015年底，农行涉农贷款余额2.58万亿元，比2014年底增加2054亿元，增速8.64%。

第三，在信贷投放重点上，确立了农户贷款、个体工商户贷款、县域中小企业贷款、农业产业化贷款、县域优势产业与特色产业开放贷款、农村城镇化贷款等。截至2015年底，农行13个粮食主产省（区）涉农贷款余额达到1.32万亿元，共支持各类专业大户（家庭农场）20万户、专业合作社及社员8.1万户，对国家级、省级农业产业化龙头企业的覆盖率分别达到 82% 和 61%，农业产业化龙头企业贷款余额 1683 亿元，农行县域法人贷款余额 1.9 万亿元。

中国农业银行还响应国家支持小微企业发展的号召，不断加大信贷投放和产品创新力度。截至 2015 年底，县域小微企业贷款余额 5465 亿元，比 2014 年底增加 824 亿元。此外，中国农业银行在县域城镇化和扶贫方面支持力度很大。截至 2015 年底，中国农业银行在县域城镇化贷款余额达 1.23 万亿元，在 832 个国家扶贫重点县贷款余额达 5907 亿元。

第四，在产品和渠道建设上，打造了一套简约实用、便民利民的新型服务体系。在产品方面，专为农户量身定制了惠农借记卡、惠农贷记卡、农户小额贷款、农户大额贷款、农村生源地助学贷款等产品，满足不同类型农户的需求。同时，将一些已经成熟的金融产品引入农村，让农民能分享投资、理财、保险等金融产品。

第五，在体制和业务流程上，积累推进"三农"县域事业部改革，将事业部改革扩大到了全部县域支行，为服务"三农"提供了制度和组织保障。同时，为进一步做实"三农"金融事业部的运行机制，在考核、激励、授权等方面进行了具体改革。

2. 农村信用社的深度改革

中国农业银行在 1979 年恢复后，农村信用社成为其下设机构。1994 年农业银行、农村信用社开始各自独立办公。1996 年国务院出台的《关于农村金融体制改革的决定》，标志着农村信用社完成了与中国农业银行的正式脱钩，并开始由中国人民银行托管。

2003 年 6 月 27 日，国务院下发了《深化农村信用社改革试点方案》。2004 年，农村信用社的改革步伐继续加快，国务院于 2004 年 8 月发布了《关于进一步深化农村信用社改革试点的意见》，明确提出，农村信用社改革要坚持以服务"三农"为宗旨，改革取向必须坚持市场化的，坚持"明晰产权关系、强化约束机制、增强服务功能、国家适当支持、地方政府负责"的总体要求。

经过这一轮的改革之后，农村信用社的资产质量明显改善，机构盈利能力大幅提升。我国农村信用社便扭转了多年以来连续亏损的局面，扭亏为盈，开始持续盈利，实收资本金大幅增长，各类存贷款业务迅猛发展，服务农村经济发展的能力明显提高。

2010 年，银监会表示在未来五年，农信社股份制改革争取全面完成，为此银监会将不再组建新的农村合作银行，现有的农村合作银行也要逐步改制为农村商业银行。截至，2016 年上半年，全国已有 1000 多家农村信用社改制为农村商业银行。改制后的农商行，实施股份制改造，实现了明晰产权，完善了法人治理结构。同时，通过吸收现代银行先进的经营理念和管理经验，转换经营机制，完善法人治理结构，建立健全内控制度，提高了经营管理水平，增强了抵御市场风险的能力，促进了农村金融事业的可持续发展。

3. 中国农业发展银行支农力度不断增强

中国农业发展银行是我国唯一的农业政策性银行，1994 年 11 月挂牌成立。其主要职责是以国家信用为基础，筹集资金，承担国家规定的农业政策性金融业务，代理财政支农资金的拨付，为农业和农村经济发展服务。全系统共有 31 个省级分行、300 多个二级分行和 1800 多个营业机构，服务网络遍布中国大陆地区。

中国农业发展银行（简称"农发行"）在粮棉油收储资金供应、支持城乡一体化发展、对接国家重大投资规划、支持脱贫攻坚等方面发挥着不可替代的作用。农发行通过开办水利专项过桥贷款、易地扶贫搬迁贷款等新业务，形成了多元化支农模式。2015 年，对"三农"领域净投入资金达到 7803.4 亿元，创历史最高纪录。

支持粮棉油收储，发挥资金供应主渠道作用是农发行的核心业务。农发行的中长期信贷一直是许多国家重点项目重要的资金来源。2015 年农发行累放粮棉油收储贷款 6678.8 亿元，支持收储粮油 5400多亿斤、棉花 4700 多万担。

通过专项过桥贷款方式为地方水利建设提供过渡性资金支持，是农发行的又一重要任务。2015 年农发行成立了专门的服务机构，将定向降准释放的 350 亿元资金，全部用于专项过桥贷款支持重大水利工程，实际投放 378.3 亿元，利率平均下浮 15.2%。

经过多年的改革发展，如今农发行已经探索出了政策性银行融资新模式，形成了市场化发债为主、存款组织为辅的多元化筹资模式，目前资金自筹率已达 90% 左右。2015 年，农发行共发行债券 10559.7 亿元，有力地引导资金回流农村。除了发债，农发行还加大吸收存款力度、积极落实财政补贴、主动争取央行再贷款及补充抵押贷款等低成本资金，多渠道筹集资金支持"三农"。截止 2015 年末，农发行存款余额达到 9375 亿元，资金自给率达到 92.4%。

4. 邮政储蓄银行的成功转型

中国邮政储蓄银行于 2007 年 3 月 20 日正式挂牌成立，是在改革邮政储蓄管理体制的基础上组建的商业银行。成立后的邮政储蓄银行，依托邮政储蓄网络，按照公司治理和现代银行的管理要求，坚持普惠金融的理念，走出了一条服务"三农"、服务中小企业、服务社区的特色发展之路。

目前，中国邮政储蓄银行已成为全国网点规模最大、覆盖面最广、服务客户数量最多的商业银行。截至 2015 年 6 月末，资产总额超过 6.5 万亿元，邮储银行拥有营业网点超过 4 万个，服务触角遍及广袤城乡，服务客户近 4.9 亿人；累计发放小微企业贷款超过 2.3万亿元，帮助约 1200 万户小微企业解决了融资难题。

邮储银行利用拥有覆盖全国城乡庞大网络、方便开办小额贷款的天然优势，在产品设计、人员培养、系统建设、风险控制等方面，不断探索和尝试，走出了特色小额贷款发展之路。针对县域和农村市场客户缺乏有效抵、质押物的情况，邮储银行相继推出了农户联保贷款、农户保证贷款、商户联保贷款和商户保证贷款四个全国性产品，初步形成了小额贷款产品体系，服务对象主要是县域内的广大农户、个体工商户和私营企业主等经济主体。由此，邮储银行建立了小额贷款服务体系，通过引进和大规模的强化培训，在全国建立起一支 3 万人的专业信贷队伍。截至 2012 年底，邮储银行累计发放小额贷款突破 1000 万笔、金额 6500 多亿元，服务客户 600 多万户，取得了很好的经济与社会效益。

尤其是服务"三农"方面，邮储银行依据《中国邮政储蓄银行信用村镇建设指导意见》，规范和推动信用村镇建设工作，持续加大对"三农"的信贷投入，积极服务农村地区经济发展。邮储银行已在新疆、辽宁、黑龙江、吉林、山东等农业大省积极开展信用村镇建设工作，成效显著，已评选信用村镇 3000 余个，评选信用农户数十万名。而且，2016 年 9 月 8 日，中国邮政储蓄银行专门成立了三农金融事业部服务"三农"。

5. 农村保险市场的特殊保障作用

很长一段时期内，农业保险在农村的发展处于停顿状态。2004年后，国家出台了一系列促进农村保险发展的重大举措，坚持农村保险低保额、广覆盖、多险保并进以及先起步、后完善，先试点、后推广的原则，有序推进各种政策性涉农保险形式试点工作。农村保险成为护航农村产业发展、缩小城乡差距的重要方式。

农业保险业务规模迅速扩大。2014 年农业保险累计保费收入325.7 亿元，农业保险为农业提供风险保障 1.66 万亿元，参保农户2.47 亿户次，向 3500 万户投保农户支付赔款 214.6 亿元。

农业保险机构增加，服务领域不断拓宽。目前，开办涉农保险的保险公司有近30家，开展的农村保险险种达到160多种，覆盖到种植业和养殖业的各个方面。除此之外，以稳定农村正常生产生活秩序为重点，农村保险市场也开办了农房、农作物大棚、农田水利基础设施、农机具等农民财产保险，全国范围内的农业保险大灾风险分散制度也呼之欲出。

此外，一些地方的保险公司在保险上进行了一些创新。例如，太平洋产险浙江分公司与"赶街网"签署战略合作协议，通过"农村电商平台＋保险"的模式共同研发与农产品进城　相适应的保险产品，比如农作物种植保险、时令果蔬质量保证保险、农产品物流破损保价保险等新型险种。以苏州太仓市为例，太仓市抓住苏州政策性农业保险试点县契机，积极探索政府与保险公司"联办共保"模式助推农业保险实施推广，形成市、镇、村三级服务网络。使保险品种从当初单一的水稻保险，到如今的种植养殖、蔬菜林果、高效渔业、设施农业等10多个险种，涉及农业农村发展的方方面面，全市水稻、小麦、油菜、能繁母猪等政策性险种参保率每年都达到了100%，并推出蔬菜大棚、露地葡萄、山羊、肉（蛋）鸡、生猪、奶牛、桃、梨各类政策性农业保险共15个险种，开发出了农村集体资产保险、劳务合作社雇主责任保险、储备粮保险等涉农商业保险10多个，为农业农村发展、农民稳产增收提供了强有力的保障。

6. 新型金融组织的大力发展

2006年12月，银监会出台了调整放宽农村地区银行业金融机构准入政策，引导各类资本到农村地区设立村镇银行、小额贷款公司、农村资金互助社等新型金融机构，这些机构是一种准正规的金融组织。其中，村镇银行服务"三农"的力度最大。

2012年以来，银监会坚持面向"三农"、数量服从质量、重点布局中西部县域的原则，积极稳妥推进村镇银行组建工作。自 2007 年设立首家村镇银行至 2012 年 9 月末，全国组建的 799 家村镇银行中，中西部地区 481 家，占比 60%。其中，2010 年和 2011 年是村镇银行设立较多的年份，分别为 201 家和 286 家。民间资本是组建村镇银行的主要力量。统计显示，截至 2012 年 6 月末，在村镇银行 477 亿元股本构成中，民营资本直接和间接持股比例约为 74%，不少民资控股的银行业机构成为村镇银行的主发起行。

3.7　本章小结

隐性税收机制瓦解后，动员性扩张型金融发展模式取代了财政投资的主导地位，通过金融支持政策为公有经济部门融资，支撑了经济的高速增长。然而，随着市场约束机制的变化，金融支持政策的收益逐渐下降，成本却在递增。并且随着中外技术差距的缩短，干中学经济增长源泉逐步枯竭，需要引入技术进步的增长源泉。技术进步推动的经济增长并非完全由社会总投资规模决定，而取决于金融系统的资本配置效率。为支持经济增长方式的转型，中国金融体制应深化改革，提高资本配置效率，从动员性扩张向市场配置转变。

通过考察中国金融资产结构的演进，本章检验了中国金融体系功能的变化。伴随着改革开放过程中创造的新制度的基本稳定，中国的货币化进程有所放缓。中国经济的货币化要继续深化就必须要有一定的载体，要着力发展货币市场和资本市场，优化中国的金融资产结构，管理好金融风险。经过三十年的发展，尤其是 20 世纪 90

年代中期以来，我国的直接融资已获得长足进展，但是与发达国家成熟的金融体系相比，我国的直接融资水平仍较低，发展空间还很大；股票市场投机性强、风险高，难以发挥应有的资金配置功能；债券市场，尤其是企业债券，规模偏小，企业债券作为直接融资工具的优势并未展现；保险市场规模过小，使其应有的防范风险和保障经济稳定运行的功能难以充分实现。总体来说，中国金融发展的深度和广度大幅提升，但金融发展还在路上，任重而道远。

与整体中国金融发展相伴随，中国农村金融发展也得到了巨大发展，为三农问题的解决提供了强有力的支撑和保障。主要体现在中国农业银行面向"三农"发展，是服务农业现代化、产业化、农村城镇化的全国性金融机构；农村信用合作社深度改革后，正向符合公司治理和现代银行管理的农村商业银行转型；中国农业发展银行支农力度不断增强；中国邮政储蓄银行依托其强大的渠道优势，在成功转型的同时，坚持服务"三农"和小微企业，体现了普惠金融的理念；农村保险市场为农村经济和产业发展保驾护航，起到了特殊保障的作用；新型金融组织在农村也得到了大力发展。

第 4 章

开放条件下的金融发展、技术进步与经济增长

本章通过构建一个包含金融部门的内生增长模型，考察了金融发展促进经济增长的机制。利用中国省级样本数据的实证研究发现，金融市场化改革后，中国的金融发展通过提高研发的产出效率和技术吸收能力促进了经济增长。对金融发展的两种作用机制的比较研究发现，金融发展通过研发促进增长的作用并不明显，但其对国外技术吸收能力的提高，却显著地促进了经济增长，且外商直接投资的技术外溢效果要大于进口贸易。

4.1 引 言

在现代市场经济中，金融体系对于一国经济的重要性，从各种媒体对金融系统连篇累牍的报道中可见一斑。从各国经济增长的实践来看，也证实了这一点，即完善、高效的金融体系对经济发展至关重要。在理论界，从 20 世纪 80 年代末开始，以引入交易成本和信息不对称等因素为标志，众多学者运用新的理论对金融与经济增

长的关系重新进行了大量的研究，结果基本肯定了金融发展能够显著促进经济增长的结论（Pagano，1993；King and Levine，1993；Rajan and Zingales，1998；Levine，2004）。然而对于金融发展促进经济增长的传导机制还存在较大争议。20 世纪 90 年代以来的金融发展理论集中于对金融作用于经济增长的机制作出比较全面且规范的解释。

金融发展对经济增长的影响是通过"资本积累"和"技术进步"两条途径来实现的（Levine，1997）。金融系统的重要功能之一就是动员储蓄，加快资本积累。新古典经济增长模型没有考虑金融因素在增长中发挥的作用，假设储蓄可以自动地完全转化为投资。金融经济学家考虑了金融部门在储蓄转化中的作用，由于单个储蓄者筹集资金面临着较高交易成本和信息成本，金融合约安排能够降低这些摩擦成本并动员储蓄，使得储蓄能够更为有效地转化为现实投资。此时资本积累不仅取决于储蓄额，还依赖于金融体系的储蓄—投资转换效率（Pagano，1993）。

然而，对于一个经济体来说，资本积累对增长只具有水平效应，而技术进步才是决定长期经济增长的关键因素（Romer，1990；Grossman & Helpman，1991；Easterly & Levine，2002）。因此，金融部门配置资源和支持技术进步的功能才是决定一国长期经济增长的关键。本书研究金融发展促进技术进步从而推动经济增长的传导机制，这不仅具有理论意义，对于中国正处于扶贫攻坚阶段的实践也具有很强的现实意义，可以为中国金融改革、金融扶贫提出合理政策建议。

技术进步可以分为自主创新和对外界技术的引进、模仿和学习。金融发展通过支持自主创新和新技术应用的方式促进技术进步与经济增长。由于 R & D 活动风险高、成功率低，并存在严重的信息不对称，因此，一般投资者不愿意从事 R & D 投资。金融系统不仅可以通过对 R & D 项目事前的评估和事中、事后的监督，避免资源配置的逆向选择和创新企业的道德风险行为，而且可以投资于大量 R & D 项目，分散了投资风险，从而促进技术创新和经济增长。Greenwood 和 Jovanovic（1990）认为金融部门可以更好地筛选出最有希望的企业与经理，从而引导了资本更有效的配置。除了能够辨别出最好的生产技术外，金融系统也能辨别出最有前景的企业家和项目，从而提高技术创新速度（King & Levine，1993）。与侧重于对企业家的技术创新能力进行事前评估以避免逆向选择的研究不同，Fuente 和 Martin（1996）则强调在事中或事后对企业家技术创新的努力程度进行监督，以防止道德风险行为。另外，通过金融资产交易，还可以分散或降低投资风险，从而促进了新技术的研发投资和技术进步（Acemoglu & Zilibotti，1997；Allen & Gale，1997；Levine，2004；Aghion et al.，2005）。

另一方面，大量的实证研究结果表明国际技术外溢已经成为技术进步的主要决定因素之一（Coe & Helpman，1995；Eaton & Kortum，1996）。一些学者研究了在开放经济条件下，国际贸易和外商直接投资如何通过技术外溢影响国内技术进步，从而最终作用于长期经济增长率（Rivera – Batiz & Romer，1991；Grossman & Helpman，1991）。然而，对发展中国家的技术外溢效应假设检验却难以得到一致性的结论，因为东道国企业到底能在多大程度上学习、模仿外资企业的先进技术归根到底取决于东道国本身的技术吸收能力，金融发展水平是影响一国技术吸收能力的重要因素之一。Alfaro et al.（2004）认为东道国的金融市场效率是影响其吸收能力的关键因素。假设东道国国内具有企业家精神的创业者必须要为利用外资企业的先进技术支付一大笔初始固定成本，因此东道国国内金融市场的运作效率将决定创业者能否支付这笔固定成本。他们的结论认为，提高本国金融市场效率，意味着降低了企业家才能临界值，从而提高了技术外溢收益和本国产出水平。Hermes 和 Lensink（2003）进一步研究了东道国金融市场对其吸收能力的影响：当地企业的技术模仿、创新过程需要资金支持，同时金融部门通过改善资源配置、提高投资效率等渠道影响了国内企业的技术模仿效应。部分学者以 Alfaro et al.（2004）模型为基础，拓展了他们的模型。研究发现一个高效的金融体系通过降低本国居民的创业门槛，从而更有利于其吸收外资企业的技术外溢（阳小晓等，2006；阳佳余，2007）。实证检验的结果也支持金融市场效率的提高，通过提高吸收能力，从而有利于跨国的技术外溢和东道国技术进步（Alfaro et al.，2004；Hermes & Lensink，2003；孙力军，2008；姚耀军、李明珠，2014）。

因此，现有的研究主要从研发产出效率和技术吸收能力两个方面来考察金融发展的技术进步效应。然而这些研究大部分都是从金融系统单个功能的角度来构建增长模型，比如生产信息、监督和减少风险等，鲜有在标准的增长模型框架中从整体上刻画金融部门的增长效应。本章试图从整体上刻画金融部门的增长效应，在一个标准的内生增长模型的框架下同时考察金融部门提高研发产出效率和技术吸收能力的作用。与前期研究的区别在于，前期研究考察的是一个封闭经济，而本研究考察的是开放经济条件下金融发展的增长效应：金融发展不仅直接提高了一国的研发产出效率，还可以提高吸收能力，通过国外的技术外溢，间接提高研发的产出水平。此外，不同于前期分析中关注于模型的社会最优解，本研究考虑的是市场竞争均衡的情形。

4.2　基本模型

本章的基本模型为基于中间产品种类扩张型的内生技术进步模型。考察一个四部门的开放分散经济：（1）最终产品部门；（2）中间投入品生产部门；（3）研发部门；（4）金融部门。经济中只有一种最终产品，其产量用 Y 表示，由最终产品部门提供。人力资本有三种用途：既可以投入到最终产品部门的生产（H_Y），也可以投入到研发部门从事技术的研发（H_N）和投入到金融部门从事新的金融产品和服务（H_Γ），且 $H = H_Y + H_N + H_\Gamma$，其中人力资本总量假设为给定值。整个经济体系运行机制为：金融部门中的金融创新者使用投入的人力资本，结合现有的金融产品存量（Γ），生产新的金融产品（Γ）。然后把新开发的金融产品卖给金融中介，而金融中介把金融产品租给研发部门。研发部门再结合人力资本和国内的技术知识存量以及通过经济开放获得的外国技术外溢进行研究开发，将新研发出来的中间产品设计方案注册为永久性专利（N），并出售给下游的中间产品生产商；中间产品生产商使用购买的中间产品设计方案，生产新的中间产品，然后将新生产出来的中间产品出售给其下游的最终产品生产商，最终产品生产商使用其购买来的新的中间产品（x_i）和通过进口国外新的中间产品，并雇佣一定量的人力资本来生产最终产品。

4.2.1　技术

1. 最终产品部门的总量生产函数采用扩展的 D－S 形式：

$$Y = AH_Y^\alpha \left[\int_0^N x_i^\beta di + \int_0^{N^*} x_i^{*\beta} di^* \right], \quad \alpha, \ \beta > 0, \ \alpha + \beta = 1 \quad (4.1)$$

其中，Y 为最终产品的产量。$A > 0$ 为技术水平参数，可视为一系列制度因素。H_Y 为投入到最终产品生产部门中的人力资本。N 为国内中间产品的种类数，为避免整数约束，设 N 是连续而非离散的，x_i 为第 i 种国内中间产品数量。N^* 表示国外中间产品种类数，x_i^* 表示从国外购买的第 i^* 种中间产品数量。

2. 中间产品部门，在 $[0, N]$ 上分布着无数个中间产品生产企业，每个企业只生产一种中间产品，而且这些中间产品之间不存在直接的替代关系或互补关系。为简便起见，类似 Barro 和 Sala－i－Martin（1995），假设一旦新的产品品种或设计方案被发明出来后，一单位任一类型的中间产品的生产正好耗费 1 单位的最终产品，即生产函数是线性的[①]。

3. 金融发展通过金融产品种类扩张来刻画。类似于 Chou 和 Chin（2004），假设金融部门包括金融创新部门和金融中介。金融创新部门开发与生产新的金融产品品种或设计方案，产出取决于投入的人力资本及金融产品存量，即旧的金融创新产品。因此，金融创新部门的生产函数为：

$$\dot{\Gamma} = \eta \Gamma H_\Gamma \tag{4.2}$$

其中，$\dot{\Gamma}$ 表示金融创新产出数量，η 是金融部门生产力参数，H_Γ 表示投入到金融创新部门的人力资本。金融中介用金融创新产品把储蓄转化成生产性投资，并且为研发融资。

---

① 换言之，对把产出用作中间产品，我们使用了单部门生产模型的假设。

4. 研发部门开发新的中间产品品种或设计方案，研发产出取决于该部门的人力资本投入、已有的技术知识存量以及金融产品存量。知识存量由两部分组成：一部分是国内已有的技术知识存量；另一部分是在开放经济条件下的国外技术外溢。金融发展影响技术进步的途径有两种：一种是直接对研发融资，支持技术创新（King 和 Levine，1993；Fuente 和 Martin，1996；Aghion et al. 2005）；另一种是金融发展可以提高一国技术吸收能力，间接地促进该国技术进步率（Alfaro et al. 2004；Hermes 和 Lensink，2003）。因此，研发的生产函数形式为：

$$\dot{N} = \delta H_N^Z \left[N + \varphi N^* \right]^\psi \Gamma^\lambda, \ \delta > 0, \ 0 < x < 1, \ 0 \leqslant \psi < 1, \ \lambda > 0, \ x + \lambda = 1 \tag{4.3}$$

式中，N 为技术知识的增量，N 和 N^* 分别表示本国与国外已有的技术知识存量。δ 为研发部门生产力参数，H_N 为投入的人力资本，x 为人力资本在研发部门的生产效率参数，ψ 为国内外技术存量对研发部门的溢出参数，λ 是金融发展对研发部门的产出效率参数。假设条件 $x + \lambda = 1$ 保证了研发市场是完全竞争的。φ 是本国研发部门吸收能力系数。本书考察了金融发展程度对本国技术吸收能力的影响，视 φ 是金融发展水平，即 Γ 的函数。不失一般性，还假设 $\varphi \in [0，1)$，且 $\frac{\partial \varphi}{\partial \Gamma} > 0$[①]，表示吸收能力与本国金融发展水平正相关。

4.2.2　消费偏好

假定代表性家庭在无限时域上有一个标准的固定弹性效用函数：

---

① 本书只给出了关于吸收能力系数的假设，我们也可以设定其具体的形式。比如，考虑一个简单的设定形式，此函数形式就能满足正文中的假定。

$$U\,(c)\,=\int_0^\infty \frac{c^{1-\sigma}}{1-\sigma}E^{-pt}dt,\ \sigma,\ \rho>0 \qquad (4.4)$$

其中，σ 为边际效用弹性，它是跨期替代弹性的倒数，ρ 为消费者的主观时间偏好率。

4.3　竞争性市场均衡分析

4.3.1　基本假设和代理人行为

最终产品 Y 的价格单位为 1，即 $P_Y=1$，W_Y、W_Γ、W_H 分别表示投入到最终产品部门、金融部门以及研发部门的人力资本报酬率；P_{x_i}、$P_{x_i}^*$ 分别表示国内中间产品价格，以及外资企业中间产品价格；r 表示市场利率。假设最终产品市场、劳动力市场和金融市场是完全竞争的，对于中间产品市场，假设：（1）中间产品部门是自由进出的；（2）当中间产品生产商的上游部门开发出一个新的中间产品品种或设计方案以后，这个新方案便被某一中间产品生产商购买，并进行垄断性生产。

1. 最终产出部门

最终产品部门的企业通过选择本国中间产品 x_i 和进口国外中间产品的数量 x_i^*，以及雇佣人力资本数量 H_Y 使自己利润最大化：

$$\underset{H_Y,x_i,x_i^*}{Max}\,\pi=Y\,\{H_Y,\ X_i,\ x_i^*\}\ -W_YH_Y-\int_0^N P_{x_i}x_i di-\int_0^{N^*}P_{x_i}^* x_i^* di^*$$

$$(4.5)$$

利润最大化条件为：

$$W_Y = \frac{\alpha Y}{H_Y} \tag{4.6}$$

$$x_i = H_Y \left[\frac{A\beta}{P_{x_i}}\right]^{\frac{1}{\alpha}}, \quad 即 \quad P_x = A\beta H_Y{}^{\alpha} x^{-\alpha} \tag{4.7}$$

$$x_{i^*}^* = H_Y \left[\frac{A\beta}{P_{x_{i^*}}}\right]^{\frac{1}{\alpha}}, \quad 即 \quad P_{x^*} = A\beta H_Y{}^{\alpha} x^{*-\alpha} \tag{4.8}$$

根据对称性可知，所有本国（外国）的中间产品都对称地投入到最终产品部门，从而具有相同的需求函数，因此（4.7）式与（4.8）式中的下标都可以去掉。

2. 中间产品部门

由（4.7）、（4.8）式可以看出，中间产品生产企业面对的需求函数是向右下方倾斜的，意味存在着对中间产品的垄断生产而带来的垄断利润，这正是企业持续创新的微观激励所在。中间产品部门购买上游部门（研发部门）开发出来的一个新的中间产品设计方案，所花费的支出为固定成本。生产任何单位的中间产品的可变成本为 $1 \cdot x$，总收入为 $P_x \cdot x$，因此国内中间产品生产商的决策规划为：

$$\underset{P_x}{Max}\pi_m = P_x \cdot x - 1 \cdot x \tag{4.9}$$

将（4.7）代入（4.9.）式，由一阶最优条件得到中间产品部门的垄断定价：

$$P_{x_i} = P_x = \frac{1}{\beta} \tag{4.10}$$

类似地，考虑国外企业中间产品生产商的决策规划：

$$\underset{P_{x^*}}{Max}\pi_m{}^* = P_{x^*} \cdot x^* - 1 \cdot x^* \tag{4.11}$$

同理可得：$P_{x_{i^*}} = P_{x^*}$。

考虑到国外企业生产的中间产品与东道国最终产品部门的磨合程度，定义 θ 为有效中间投入品参数。假设从外资企业购买 x^* 单位中间产品，本国最终产品部门获得的有效中间产品数量为 $x^* e^{\theta-1}$

（$\theta \leqslant 1$）。由此，可得

$$P_{x_i^*} = P_{x^*} = \frac{e^{1-\theta}}{\beta} \qquad (4.12)$$

将（4.10）和（4.12）代入（4.7）、（4.8），有：

$$x_i = \bar{x} = A^{\frac{1}{\alpha}} \beta^{\frac{2}{\alpha}} H_Y \qquad (4.13)$$

$$x_{i^*}^* = \bar{x}^* = A^{\frac{1}{\alpha}} \beta^{\frac{2}{\alpha}} H_Y e^{-\frac{1-\theta}{\alpha}} \qquad (4.14)$$

由（4.1）、（4.13）与（4.14）式，最终产品部门在均衡状态
的产出水平为：

$$Y = A H_Y^{\alpha} \left[N \bar{x}^{\beta} + N^* \bar{x}^{*\beta} \right] = A^{\frac{1}{\alpha}} H_Y \beta^{\frac{2\beta}{\alpha}} \left[N + F（\theta）N^* \right] \quad (4.15)$$

其中，$F（\theta）= e^{-\frac{(1-\theta)\beta}{\alpha}}$，$F（-\infty）= 0$，$F（1）= 1$，且 $\frac{\partial F}{\partial \theta} > 0$。

3. 金融部门

金融部门包括金融创新部门和金融中介。金融创新部门专门负
责设计或生产金融创新产品。假设新的金融产品的价格为 P_{Γ}，人力
资本报酬为 W_{Γ}，代表性金融创新厂商的决策规划为：

$$\underset{H_{\Gamma}}{Max} \pi_{\Gamma} = P_{\Gamma} \cdot \dot{\Gamma} - W_{\Gamma} \cdot H_{\Gamma} \qquad (4.16)$$

由一阶条件可知：

$$W_{\Gamma} = P_{\Gamma} \cdot \eta \cdot \Gamma \qquad (4.17)$$

在金融部门下游，金融中介从金融创新部门购买金融创新产品
或设计方案①，用这些金融创新产品把储蓄转化为投资，并且为研发
活动融资。由于本书主要考察金融发展促进技术进步的渠道，因此
简化了金融中介部门。假设中介部门能把储蓄无成本地完全转化为
投资，不能通过利率差来收取佣金，即存、贷利率相等，并且金融
中介都是完全竞争条件下的价格接收者。因此，其收入只能从对研

---

① 在现实世界中，金融创新部门和金融中介可能是同一金融企业的不同部门。

发部门提供风险投资服务收取租金。为简单，假设金融中介不需要人力资本投入。

在每个时刻，代表性金融中介必须确保其收入等于购买金融创新产品的支出：

$$R_\Gamma \cdot \Gamma = P_\Gamma \cdot \dot{\Gamma} \qquad (4.18)$$

4. 研发部门

假设中间产品的设计方案专利价格为 P_N，人力资本报酬为 W_N，金融产品租金率为 R_Γ，研发部门的生产决策规划为最大化利润函数：

$$\underset{H_N, \Gamma}{Max}\pi_N = P_N \cdot \dot{N} - W_N \cdot H_N - R_\Gamma \cdot \Gamma \qquad (4.19)$$

由一阶条件得到：

$$W_N = \delta x P_N \left[N + \varphi N^* \right]^\psi \Gamma^\lambda H_N^{x-1} \qquad (4.20)$$

$$R_\Gamma = \lambda \delta P_N H_N^x \left[N + \varphi N^* \right]^\psi \Gamma^{\lambda-1} \qquad (4.21)$$

根据假设，中间产品部门是可以自由进出的，故在均衡状态中，中间产品生产技术的专利价格应等于垄断生产者所能获得利润的贴现值，即非套利条件：

$$P_N = V(t) = \int_t^\infty \pi_m(s) e^{-\bar{r}(s,t)(s-t)} ds \qquad (4.22)$$

其中，$\bar{r}(s, t) \equiv \dfrac{1}{s-t}\int_t^s r(w) dw$，代表时刻与之间的平均利率。

如果 r 不随时间变化（可以证明均衡状态下利率为常数 r），则（4.22）变为：

$$P_N = V(t) = \frac{1}{r}\pi_m(t) = \frac{1}{r}(P_x - 1)\bar{x} = \frac{1}{r}\left(\frac{\alpha}{\beta}\right)\bar{\chi} \qquad (4.23)$$

4.3.2　家庭与市场均衡

由（4.4）式，代表性家庭最优化得出消费增长率的一般表达式：

$$g_c = \frac{\dot{c}}{c} = \frac{1}{\sigma}(r - \rho) \quad\quad (4.24)$$

假设经济中人力资本可以无成本地在各部门间自由流动，在均衡条件下，最终产品部门、金融部门和研发部门人力资本报酬应相等，即 $W_Y = W_\Gamma = W_N$。

结合（4.2）、（4.17）、（4.18）式以及（4.20）与（4.21）式，金融部门和研发部门人力资本报酬率相等意味着：

$$\frac{H_N}{H_\Gamma} = \frac{\chi}{\lambda} \quad\quad (4.25)$$

另外，因为 $W_Y = W_N$，结合（4.6）、（4.13）、（4.15）以及（4.20）、（4.23）式，得到

$$H_Y = \frac{r}{\delta \beta x} \cdot \frac{H_N^{1-x}}{\Gamma^\lambda} \cdot \frac{[N + F(\theta)N^*]}{[N + \varphi N^*]^\psi} \quad\quad (4.26)$$

假设 t 时刻技术水平总存量 N^T 为：$N^T = N + N^*$，且 $N = \frac{N^T}{u}$ （$u > 1$），则 $N^* = (1 - \frac{1}{u})N^T$。由于 t 时刻国内外的技术差距为 $\frac{N^*}{N} = u - 1$，因此 u 可定义为国内外企业的技术水平差距。将上式代入（4.26）有：

$$H_Y = \frac{rH_N}{\delta \beta x} \cdot \frac{N^{1-\psi}}{H_N^x \Gamma^\lambda} \cdot \frac{[1 + F(\theta)(u-1)]}{[1 + \varphi(u-1)]^\psi} \quad\quad (4.27)$$

在平衡增长路径上 g_Γ、g_Y、g_C 和 g_N 都为不变的常数，因此，由（4.2）和（4.25）式，可知 H_Γ、H_N、H_Y 在均衡时都是固定的。根据（4.3）式

$$g_N = \frac{xg_{H_N} + \lambda g_\Gamma}{1 - \psi} = \frac{\lambda}{1 - \psi}g_\Gamma \quad\quad (4.28)$$

由于在均衡时，配置到研发部门的人力资本不变，因此，$g_{H_N} =$

83

0。把（4.3）式变成：$N^{1-\psi}/H_N^x \Gamma^\lambda = \dfrac{\delta [1+\varphi (u-1)]^\psi}{g_N}$，并代入（4.27）式，可得：

$$\frac{H_Y}{H_N} = \frac{r}{\beta x} \cdot \frac{[1+F (\theta) (u-1)]}{g_N} \qquad (4.29)$$

根据（4.2）、（4.15）和（4.28）式，可得稳态经济增长率 g_Y：

$$g_Y = g_N = \frac{\lambda}{1-\psi} \cdot g_\Gamma = \frac{\eta\lambda}{1-\psi} \cdot H_\Gamma \qquad (4.30)$$

在平衡增长路径上，根据消费、投资与产出的关系可知，变量 Y 和 C 具有相等的增长率，因此：

$$g = g_Y = g_C = g_N = \frac{\eta\lambda}{1-\psi} \cdot H_\Gamma \qquad (4.31)$$

结合式（4.24）、（4.25）、（4.29）、（4.31）以及 $H = H_Y + H_N + H_\Gamma$，可得：

命题一，开放经济条件下，平衡增长路径上各经济变量的增长率为：

$$g = g_Y = g_C = g_N = \frac{\lambda^2 \eta\beta H/1-\psi-p [1+F (\theta) (u-1)]}{\sigma [1+F (\theta) (u-1)] +\beta (x+\lambda)} \qquad (4.32)$$

4.3.3 比较静态分析

在技术参数和偏好参数 δ、β、ψ 和 σ、ρ 以及技术差距参数 u 既定的条件下，开放经济模型中长期经济增长率的决定性因素是金融发展水平和人力资本存量。通过对命题一进行比较静态分析可以得到：

1. 金融发展的增长效应

在金融部门的产出函数式（4.2）中，η 表示金融部门自身的产出效率，其对稳态增长率的影响为：

$$\frac{\partial g}{\partial \eta} > 0 \qquad (4.33)$$

金融部门产出效率的提高对稳态增长率的影响表现在两个方面：首先，由（4.2）和（4.3）式可以看出，增加 η 将直接提高金融部门的产出水平，从而促进技术进步和稳态经济增长；其次，由（4.17）和（4.25）式可知，在稳态时，配置到金融部门和研发部门的人力资本比率是固定的，且金融部门资本报酬 W_r 是 η 的递增函数，因此 η 的增加也将由于提高了金融部门人力资本投资回报率而使得人力资本从最终产品部门转移到本国金融部门和研发部门，从而提高稳态增长率。

金融发展通过直接为研发融资和提高技术吸收能力两种机制，提高了研发的产出水平和经济增长率。首先，根据（4.3）式可知，金融发展通过优化资源配置，集中、交易和减少投资风险，直接提高了研发产出水平；其次，金融发展还可以通过影响一国的技术吸收能力，提高外资企业对东道国研发部门的技术外溢水平，从而间接地提高该国的研发水平和经济增长率。注意到研发部门的产出函数式（4.3）中，金融发展对研发的产出效率用参数表示，对其求导可得：

$$\frac{\partial g}{\partial \lambda} = \frac{2\lambda\eta\beta\sigma H\left[1+F(\theta)(u-1)\right] + \beta\rho(1-\psi)\left[1+F(\theta)(u-1)\right]t\lambda\eta\beta^2(2x+\lambda)H}{(1-\psi)\left[\sigma\left[1+F(\theta)(u-1)\right] + \beta(x+\lambda)\right]^2} > 0$$

(4.34)

上述两式表明：不管是直接为研发融资还是间接提高吸收能力，金融发展水平的提高促进了稳态增长率的提高。因此，有如下命题：

命题二：金融部门自身的产出效率（η）和研发部门中金融发展的产出效率（λ）越高，则稳态增长率相应越高。

2. 人力资本积累的增长效应

根据（4.32）式，本书模型中的稳态增长率与 *Romer*（1990）[5]类似，都存在人力资本的规模效应，即人力资本积累越多，经济增长越快。

$$\frac{\partial g}{\partial H} > 0 \tag{4.35}$$

命题三：提高人力资本积累 H，将提高稳态增长率。

人力资本被分别投入到最终产品生产部门、研发部门和金融部门。提高人力资本一方面直接增加研发部门人力资本投资（H_N），提高了研发产出和经济增长率；另一方面，通过增加对金融创新的人力资本投资（H_Γ），提高了金融发展水平，从而也提高了研发产出效率。

根据（4.24）、（4.25）、（4.29）和（4.32）式，以及 $H = H_Y + H_N + H_\Gamma$，可知：

$$\bar{H}_\Gamma = \frac{\lambda^2 \eta \beta H - (1-\psi)\rho[1+F(\theta)(u-1)]}{\sigma\lambda\eta[1+F(\theta)(u-1)] + (x+\lambda)\lambda\eta\beta} \tag{4.36}$$

当经济处于稳态时，投入金融部门的人力资本规模不变。这表明存在一个最优的金融规模。过多的人力资本投入到金融部门会减少投入到实体经济部门的人力资本，从而阻碍经济增长。因此，有许多经济学家担心金融服务业的过度发展会损害实体经济，研究经济体是否存在最优的金融规模（Holmstrom 和 Tirole，1997；Santomero 和 Seater，2000）①。此处用人力资本雇佣水平表示的金融部门最优规模（$\bar{H}_\Gamma$）只与总的人力资本水平有关，人力资本积累水平越高，金融部门规模越大。

---

① 美国华尔街第四大投资银行雷曼兄弟破产后，《华尔街日报》评论道"美国最聪明的学生现在或许意识到，新的财富之路不是在华尔街上或是对冲基金里干上几年走人"、"这是一项积极的转变，它鼓励美国重返创造、建设和做事上去，而不是弄些纸上的东西来回交易"，反映出过度资产证券化形式所表现出来的金融泡沫蕴藏着巨大的金融风险，从而对于政府的金融监管和金融机构的风险管理提出了更高要求。

4.4　中国金融发展的经验研究

在经济转轨初期，为了保持经济平稳、快速的增长，中国政府实行了金融支持政策，通过金融系统廉价地动员居民储蓄，并配置到政府偏好的产业和企业，支持了经济的增长和经济结构的转变。在这一时期，金融体系主要通过资本积累的渠道促进经济增长。1994年宏观调控后，银行开始从政府配置资源的工具向现代商业银行转变。国有商业银行开始表现出强烈的追求自身私人收益的冲动，而不再单纯地追求社会收益，已从信贷规模简单扩张转向效益优先。

为了检验1990年代中期以来以提高资本配置效率为目标的金融体制改革是否转变了中国金融部门促进增长的机制，即从简单的资本积累转变为通过提高研发的产出效率和技术外溢的吸收能力来提高经济增长率，本章利用1998～2014年中国30个省市的数据对前述理论模型的结论进行实证分析。本章聚焦于检验模型的核心假设：金融发展是否能通过支持研发和增强对国外技术的吸收能力，促进了经济增长。同时，为了比较进口贸易、外商直接投资对我国经济发展的影响，研究分别考察了进口和外商直接投资不同的技术外溢传导效果。

4.4.1　模型设定与数据来源

1. 检验模型设定和估计方法

根据前述理论基础，我们考察一组类似 Levine et al.（2000）的增长方程：

（1）考察金融发展对经济增长率影响效应的基本方程式

$$\Delta Y_{i,t} = \alpha_1 \cdot y_{i,t-1} + \alpha_2 \cdot TFII_{i,t} + \beta \cdot X_{i,t} + \eta_i + \lambda_t + \varepsilon_{i,t} \quad (4.37)$$

（2）考察金融发展通过支持研发促进增长的回归方程式：

$$\Delta Y_{i,t} = \alpha_1 \cdot y_{i,t-1} + \alpha_2 \cdot TFII_{i,t} \times DRD_{i,t} + \beta \cdot X_{i,t} + \eta_i + \lambda_t + \varepsilon_{i,t}$$

$$(4.38)$$

（3）考察金融发展通过增强吸收能力促进增长的回归方程式：

$$\Delta Y_{i,t} = \alpha_1 \cdot y_{i,t-1} + \alpha_2 \cdot TFII_{i,t} \times FRD_{i,t} + \beta \cdot X_{i,t} + \eta_i + \lambda_t + \varepsilon_{i,t}$$

$$(4.39)$$

（4）同时考察金融发展通过支持研发和增强技术吸收能力促进增长的回归方程式：

$$\Delta Y_{i,t} = \alpha_1 \cdot y_{i,t-1} + \alpha_2 \cdot TFII_{i,t} \times DRD_{i,t} + \alpha_3 \cdot TFII_{i,t} \times FRD_{i,t} + \beta \cdot$$

$$X_{i,t} + \eta_i + \lambda_t + \varepsilon_{i,t}$$

$$(4.40)$$

其中，Δy 是实际人均 GDP 的增长率，y 是实际人均 GDP 的对数值，表示金融发展水平，DRD 代表国内研发投入，FRD 代表技术溢出效应，X 是其他控制变量。η 是无法观测的地区效应，λ 指仅随时间变化的影响因素，ε 是误差项，服从通常的假设。下标 i 和 t 分别代表地区和时间。国际技术外溢渠道包括物化型的（Embodied）和非物化型的（Unembodied）技术溢出。由于非物化型的技术溢出效应难以度量，在实证研究中一般以国际贸易和 FDI 为传递渠道的物化型技术溢出来度量国际技术外溢。因此，参照 Coe and Helpman（1995），本章中的 $FRD_{i,t}$ 分别用各省份引资在全部外资中的比重和各省份进口在全部进口中的比重作为权重的加权值。

$$FRD\_FDI_{i,t} = \frac{FDI_{i,t}}{\Sigma FDI_t} \cdot RD_t^f \quad (4.41)$$

$$FRD\_IM_{i,t} = \frac{IM_{i,t}}{\Sigma IM_t} \cdot RD_t^f \quad (4.42)$$

考虑到影响经济增长的因素很多，特别是处于经济转型的中国，影响经济增长的因素更加复杂，因此有必要在模型中加入控制变量来控制这些重要因素的影响。本章选取的控制变量包括人力资本、政府对经济的干预程度、宏观经济稳定程度、非国有投资水平，城市化水平、经济开放度以及固定资产投资水平，分别用 H、GOV、PI、PRIV、URBAN、OPEN 以及 FIXC 来表示。

另外，考虑到上面四个回归方程式是动态面板模型，并且金融发展水平可能受经济增长的影响而产生内生性的问题（Greenwood and Jovanovic，1990），研究拟采用 Blundell 和 Bond（1998）提出来的系统 GMM 估计方法。其基本思路是先对估计方程差分，用一组滞后的解释变量作为差分方程中相应的工具变量，结合水平方程，并增加一组滞后的差分变量作为水平方程相应变量的工具。GMM 估计量的一致性依赖于工具变量的有效性。为此，本章采用 Arellano & Bover（1995） 和 Blundell & Bond（1998）建议的两项检验：第一项为检验过度识别的 Hansen 检验；第二项检验误差项不是序列相关的假设有效性。如果这两个假设的原假设都没有被拒绝，说明模型选择的工具变量是有效的。

2. 变量的选取及数据来源

经济增长率用实际人均 GDP 的增长率直接度量，初始经济发展水平用前一期的人均 GDP 对数值来代替。人力资本 H 遵循普遍采用的人均受教育年限指标（Barro and Lee，1996），为全部就业人员的受教育年限总和与总人口比值。考虑到地区金融数据的可得性，金融发展指标（TFII）参照周立（2004）的处理方法，用全部金融机构的存贷款与 GDP 的比值作为金融发展的替代指标。国内研发 DRD 选取各地区研究与试验发展经费内部支出为替代指标。政府对经济的干预程度（GOV）采用政府财政收入与 GDP 的比值表示。CPI 指数被用来作为衡量宏观经济稳定的代理指标。非国有经济的活跃程度用非国有投资水平（PRIV）来衡量，等于 1 减去国有经济固定资产投资总额与固定资本形成总额的比值之后的差值。城市化（URB）对经济增长的影响用城镇人口与总人口的比重作为替代指标。FIXC 衡量固定资产投资水平，等于固定资本形成总额与 GDP 的比值。

　　本章选取 1998～2014 年数据作为样本区间，截面样本点共包括除西藏之外的 30 个省市。1998－2004 年的原始数据由《新中国五十五年统计资料汇编》整理、计算而得，2005～2014 年的数据由对应各年度的《中国统计年鉴》整理得到。各地区存贷款数据由各年度《中国金融统计年鉴》整理而得；1998－2004 年人力资本的数据转引自李秀敏（2007），其他年份的数据根据《中国人口统计年鉴》计算得到。对于国外研发投入总量（RDf），参考赖明勇等（2005）的做法，选用 G7 国家样本期间的研发总量作为替代，原始数据来自 OECD（Main Science and Technology Indicators Data Base）。国内各地区的研发投入数据来自于《中国科技统计年鉴》各期。

4.4.2　实证研究及分析

1. 以外商直接投资为技术外溢渠道的实证

　　本书首先考察以外商直接投资作为技术外溢传递渠道的实证研究。利用 1998－2014 年 30 个省市的样本数据对检验方程（4.37）、（4.38）、（4.39）和（4.40）分别进行回归，结果见表 4.1。表中还报告了每个回归方程选取的工具变量个数、Hansen 过度识别检验和 Arellano－Bond 残差序列相关检验，结果显示都不能拒绝原假设，表明模型中选取的工具变量是有效的。

　　（1）初始发展水平、人力资本（H）与经济增长。与新古典模型预测一致，初始发展水平的系数为负，具有条件收敛率的意义。如果其他解释变量保持不变，那么经济将以该系数的大小所体现出来的收敛率趋向其长期位置。系数估计值为 - 13.85 到 - 18.34 之间，并且非常显著。该系数意味着条件收敛率为每年 13.85% ~ 18.34%。人力资本积累对于经济增长的重要性早已被众多经验文献所证实（Barro & Sala - i - Martin，1995）。检验结果表明：人力资本的系数在所有回归方程中都显著为正，人均受教育年限每增加 1 年，经济增长率将提高 2~3 个百分点，反映出通过教育提升人力资本积累能够对一国经济增长产生重要支撑作用，这一结果与 Barro（2004）的跨国增长研究相近。

表4.1　金融发展与经济增长：外商直接投资的外溢渠道

变　量	模型 1	模型 2	模型 3	模型 4
C	120.35 *** (9.75)	97.64 *** (7.22)	145.57 *** (6.09)	107.24 *** (4.42)
Linitial	- 17.25 *** (- 6.93)	- 13.85 *** (- 10.62)	- 18.34 *** (- 4.73)	- 16.12 *** (- 5.19)
H	1.87 *** (5.96)	3.07 *** (5.02)	2.89 * (1.84)	2.01 * (1.89)
TFII	2.60 *** (5.73)			
TFII × DRD		0.14 *** (6.58)		0.08 (1.45)
TFII × FDR_ FDI			0.03 ** (2.38)	0.02 *** (5.93)
FIXC	10.99 *** (5.94)	10.36 *** (8.23)	10.21 * (1.86)	7.27 ** (2.21)
GOV	- 50.31 *** (- 7.95)	- 46.67 *** (- 8.75)	- 42.13 ** (- 3.22)	- 29.61 *** (- 7.01)
PI	0.67 *** (9.93)	0.62 *** (13.25)	0.66 *** (4.90)	0.69 * (18.48)
PRIV	8.70 *** (4.57)	2.48 (1.66)	8.90 (1.53)	8.92 ** (2.20)
OPEN	4.53 *** (5.62)	4.32 *** (7.95)	3.81 * (1.83)	2.83 *** (3.86)

变　　量	模型1	模型2	模型3	模型4
URBAN	0.24*** （2.98）	0.13** （2.20）	0.26 （1.47）	0.17 （1.28）
Sample Size	480	480	480	480
AR（2）Test （p－value）	0.81	0.90	0.71	0.74
Hansen Test （p－value）	0.59	0.50	0.61	0.91

注：括号内为异方差稳健 t 统计量，上标*，**和***分别表示10%，5%和1%置信水平；AR（2）Test 是二阶序列相关检验，原假设为不存在序列相关；Hansen test 为工具变量过度识别约束检验，原假设是工具变量是有效的。

（2）金融发展（TFII）与经济增长。TFII 是由各省市全部金融机构存贷款占 GDP 的比重作为当地金融发展水平的测度指标，TFII 回归系数为2.60，表明金融发展水平增加10%，经济增长率将提高0.26个百分点。这是由于金融发展通过动员储蓄为企业的投资项目和研发项目融资，促进了资本积累和技术进步，最终提高了经济增长率。

（3）金融发展促进技术进步的两种机制的比较。模型2的实证结果表明，金融发展水平的提高，通过支持国内的研发投入，促进了经济增长。模型3的结果表明，在开放经济系统中国际技术外溢、扩散作用已经成为我国经济增长的重要外推动力，同时外商直接投资通过技术示范效应、竞争效应、产业关联效应、人员培训效应等作用在技术扩散渠道中扮演了重要角色。金融发展水平的提高，可以增强本国的技术吸收能力，从而有利于跨国的技术外溢和当地的技术进步。

当同时考察金融发展促进技术进步的两种机制时，可以发现：虽然金融发展仍然能通过支持研发促进增长，但是其作用效果下降了接近一半，且不显著。而金融发展增强技术吸收能力促进增长的作用不变，并且非常显著。如何解释金融发展支持研发促进增长的作用不显著的现象呢？可能的解释有两点：首先在度量指标选取上，由于数据的限制，我们用各地区的存量款占 GDP 的比重来度量金融发展水平，这只能反映各地区间接金融的发展规模，而不能度量直接金融的发展状况和金融服务的质量。因此，TFII 可能无法完全反映金融发展对各地区研发投入的支持。由于金融机构贷款和企业资金在科技活动经费筹集中的比重还不算太高，贷款的主要用途在流动性领域，还不在研发领域，对企业研发来说作用有限。其次，这一回归结果表明金融发展通过增强技术吸收能力促进增长的作用可能更明显、更重要。随着各国经济联系日益密切、要素自由流动加快，对外部技术的引进、模仿及吸收已经成为国内技术进步的重要来源，我们需要在自主创新和外部技术吸收两类技术进步来源中做出权衡。

2. 以进口为技术外溢渠道的实证

表4.2 给出了以进口为技术外溢渠道的实证结果，得到以下结论：经济发展表现出条件收敛趋势，与新古典增长模型所预测的一致；人力资本积累是经济增长的重要推动力。而且，得到与表4.1 类似的实证结果：金融发展通过支持研发和增强吸收能力促进了经济增长；国外研发通过进口渠道产生了技术外溢，但同时技术外溢效果又受到本地区以金融发展水平度量的吸收能力限制。研究表明，进口是技术外溢的重要渠道之一，金融发展可以提高当地的技术吸收能力，通过进口渠道促进国外技术对本地区的外溢和扩散，从而促进了经济增长。

作为物化型技术外溢的两种主要传导形式，表4.1 和4.2 给出了外商直接投资和进口的不同的技术外溢传导效果。比较后可发现：考虑到金融发展水平度量的技术吸收能力，外商直接投资的技术外溢效果大于进口贸易的技术外溢。与进口贸易单纯通过购买、引进国外先进仪器、设备等中间投入品不同，外商直接投资的技术外溢传导机制更具有多样性：外资企业通过示范效应为当地企业提供模仿和学习其先进技术和管理水平的机会；外资企业的进入有助于打破国内市场垄断，通过竞争效应改善国内资源配置效率；外资企业对当地雇佣员工的人员培训、促进当地人力资本积累的作用更是单纯的进口贸易所不具备的。这从另外一个侧面表明，通过金融发展促进外资发展与通过金融手段增加贸易增长更加重要。

表 4.2　金融发展与经济增长：进口的外溢渠道

变　量	模型 1	模型 2	模型 3	模型 4
C	117.33*** (9.71)	86.41*** (7.25)	122.79*** (8.63)	50.47*　(2.09)
Linitial	−16.25*** (−8.47)	−13.52*** (−17.08)	−20.53*** (−6.70)	−12.04*** (−4.09)
H	2.11*** (5.02)	2.58*** (6.32)	3.15** (2.18)	4.24** (2.27)
TFII	2.90*** (7.85)			
TFII×DRD		0.16*** (8.53)		−0.17 (−1.58)
TFII×FDR_IM			0.03** (2.14)	0.02** (2.26)
FIXC	11.32*** (5.68)	14.07*** (8.25)	13.42** (2.26)	12.61* (1.90)
GOV	−54.27*** (−7.99)	−41.05*** (−8.24)	−43.41*** (−3.98)	−30.06 (−1.66)
PI	0.69*** (12.04)	0.67*** (15.01)	0.58*** (4.23)	0.61*** (4.36)
PRIV	8.37*** (4.89)	2.13 (1.57)	10.16** (2.17)	5.70 (0.99)
OPEN	4.02*** (4.93)	4.37*** (8.05)	2.14 (1.70)	0.42 (0.53)

变 量	模型 1	模型 2	模型 3	模型 4
URBAN	0.24*** (3.16)	0.15** (2.20)	0.28 (1.69)	0.02 (0.92)
Sample Size	480	480	480	480
AR（2）Test （p - value）	0.823	0.927	0.601	0.655
Hansen Test （p - value）	0.506	0.522	0.628	0.895

注：括号内为异方差稳健 t 统计量，上标*，**和***分别表示10%，5%和1%置信水平；AR（2）Test 是二阶序列相关检验，原假设为不存在序列相关；Hansen test 为工具变量过度识别约束检验，原假设是工具变量是有效的。

4.5 本章小结

金融发展能够显著促进经济增长的结论已基本上为国内外的研究所接受，然而对于这种影响的传导机制一直存在着争议。本章基于一个中间产品种类扩张型的内生技术进步模型，加入金融部门，从整体上刻画了金融部门的增长效应。金融发展既可以直接提高研发的产出效率，又可以提高本国对国际技术外溢的吸收能力，间接地促进技术进步和经济增长。金融部门的规模存在一个最优的水平，如果金融部门过度发展，会损害实体经济部门，进而阻碍经济增长。

本章利用1998~2014年中国30个省市的数据，对金融发展促进技术进步和经济增长的两种机制进行了实证分析，结果表明：金融发展对我国经济增长的促进作用非常显著。随着我国20世纪90年代中期以来的金融市场化改革，金融系统开始逐渐发挥其资源配置功能，通过提高国内的研发产出效率和对国外技术的吸收能力，促进了技术进步和经济增长。

对金融发展促进技术进步的两种机制的比较研究发现，国内研发对经济增长的促进作用并不明显，而金融发展通过提高本国的技术吸收能力促进增长的作用却非常显著。这一结果提醒我们要在自主创新与技术吸收之间进行权衡。发展中国家经济发展面临的普遍问题是资源短缺约束，尤其是研发资源投入。因此需要将自主创新与技术吸收、技术引进结合起来，即以较低成本引进、吸收外部先进技术从而避免重复研发导致的资源浪费，又能培育自身独立研发能力与创新体系。在制定引资、贸易政策时，不仅要注重引资和进口结构的调整，通过对外贸易、吸引外资等开放形式来获取模仿、学习机会，还要努力提高本地的金融发展水平，注重对自身吸收能力的培育。

第 5 章

金融发展的增长效应与最优金融规模

金融发展能够促进经济增长，但是其作用是非线性的。由于金融发展是有成本的，当金融部门过度发展时，其机会成本将大于潜在的收益，反而会阻碍经济增长。因此，经济中存在最优的金融发展规模。本章检验了金融发展的非线性增长效应，并对潜在的最优金融规模的影响因素进行了实证分析。

5.1　前期研究综述

自从 Goldsmith（1969）具有开创性的研究发表以后，金融和经济增长之间的关系成了最热门的研究领域之一。许多学者对金融与增长的关系进行了大量的理论和实证研究，基本肯定了金融发展支持经济增长的结论（King & Levine，1993；Rajan & Zingales，1998；Levine et al.，2000；Levine，2004）。金融发展可以通过三种效应支持经济增长：首先通过提供廉价、可靠的支付方式，刺激了与市场相关的经济活动（Kindleberger，1993）；其次是数量效应，即通过动员储蓄，促进投资和增长；第三，是配置效应，通过分散和降低投资风险，优化资本配置，促进生产效率改善和技术进步（Fuente & Martin，1996；Aghion et al.，2005）。

与之相伴随的，是实证研究方法的发展。为解决实证研究中由内生性、遗漏变量和测量误差等原因造成的识别问题，研究者改进了研究方法和数据，取得了巨大的进展。研究方法从跨国的简单OLS 回归，到工具变量回归和动态面板回归（Levine et al.，2000），再到 Pooled Mean Group（PMG）估计（Loayza & Ranciere，2006）；数据类型从跨国数据，到产业数据（Rajan & Zingales，1998），再到企业数据（Demirguc – Kunt，1998；Love，2003；Beck et al.，2005），还有学者利用家庭的调查数据来研究金融发展对家庭福利的影响（Karlan & Zinman，2007）。

然而，近年来的部分研究却对这个结论提出了质疑和挑战，没有发现金融发展能促进增长的明显的证据（Deidda & Fattou，2002；Favara，2003；Graff，2005，2013），甚至金融发展对增长还有不利影响（Gregorio & Guidotti，1995；Al – Yousif，2002）。这不仅跟研究者选择的模型、计量方法和对变量定义的不同有关，而且与选择的样本有很大的关系。由于金融的增长效应在不同的国家和时期是不同的，研究者利用不同的样本得到的结论就会不一致①。

金融增长效应的国别和时期差异是由于金融发展的成本造成的。关于金融增长效应的研究大多只强调功能良好的金融体系能促进增

---

① Graff（2005）认为，大多数文献之所以得到了金融发展促进增长的经验证据是因为这些研究使用的是基于相同的样本和时间的数据，是对以前的发现进行稳健性检验，而非独立的证据。因此，这些证明金融对增长有促进作用的证据没有想象的那么可靠。

长，却对金融发展的成本关注不够①。金融发展虽然能提供优质的金融服务，减少信息不对称和交易成本，但提供这些金融服务不是没有成本的。金融部门的发展也要吸收一部分社会资源，比如物质资本和人力资本，产生相当大的机会成本。如果考虑到金融发展的成本，金融对增长的影响可能并非是单调递增的。

一些研究发现金融发展的增长效应与经济发展的阶段有关（Grennwood & Jovanovic，1990；Acemoglu & Zilibotti，1997；Da Rin & Hellmann，2002）。一般来说，发达国家的金融体系能促进经济增长，而不发达国家金融的增长效应是含混不清的。在发展的初期，不发达国家面临着一系列困难，比起金融发展，其他因素对经济发展可能更加棘手和重要。由于金融的发展是有成本的，此阶段金融发展的成本可能大于潜在好处，金融对增长没有显著影响，甚至有负作用。当经济发展到一定阶段时，金融发展的收益超过成本，对经济增长的促进作用才能显现出来。因此，金融发展的增长效应是非线性的。

近些年来，对于金融发展的非线性增长效应，大量的研究进行了模型上的改进，主要可分为两类模型。第一类模型把政府和金融中介之间的制度安排纳入到金融发展与经济增长的分析框架（Dekle & Kletzer，2004）。在政府与金融中介之间的制度安排既定的情况下，金融中介的发展能减少交易成本，提高金融系统配置资源的效

---

① 有关金融体系成本的讨论，大多聚焦于金融体系所犯错误的纸面价值，以及纳税人必须拿出多少钱出来进行紧急救助。2008 年的金融危机导致美国抵押贷款相关证券的亏损估计高达 4 万亿美元，这不过是表象。在这些亏损背后，是由于资源误配造成的实际经济损失：对抵押贷款错误定价，致使美国建造了过多的房屋。十年前，电信泡沫中类似的定价错误，让美国铺设了数百万英里的闲置光纤电缆。尤其是每年有大量的优秀人才被高工资所吸引，供职于金融公司，流入到了金融业。从个人层面讲，谁都无权指责这些毕业生。但从总体经济层面上看，我们正在浪费我们最宝贵的资源之一（Benjamin Friedman，2009）。

率，从而有利于经济增长。但是，既有的制度安排也会导致金融中介的道德风险和逆向选择，从而使金融系统配置资源的效率降低，不利于经济增长。如果考虑政府与金融中介之间的制度安排，那么金融发展与经济增长之间的非线性关系完全可能产生。

第一类模型考虑了金融发展的各种成本①，发现金融发展存在多重均衡，金融的增长效应存在贫困性陷阱和门槛效应（Lee，1996；Saint - Paul，1996；Da Rin & Hellmann，2002）。部分实证研究采用阈回归（Threshold regression）估计方法，证明了多重均衡和非线性关系确实存在（Deidda & Fattouh，2002；Rioja & Neven，2004；Graff，2005，2013）。这些研究一般以经济发展水平作为阈变量，其结果表明：人均收入水平高于阈值的国家金融发展能促进经济增长，低于阈值的国家金融与增长的关系不显著。因此，金融发展的增长效应与经济发展水平有关。

大多数关于金融与增长非线性关系的文献集中于研究门槛效应是否存在，认为当经济跨过这个门槛之后，金融发展与增长呈单调递增的、线性相关关系。但是，跨越了发展"门槛"的国家其金融发展与增长一定呈正的线性相关关系吗？Favara（2003）的研究发现金融与增长的正相关关系是非线性的，并且这种相关关系在中等金融发展水平国家最为显著。Rioja 和 Neven（2004）认为金融发展存在回报递减的效应，在高收入国家，金融发展水平越高，其增长效应就越小。另外，还有些研究认为金融交易的风险太大，具有内在的不稳定性，对金融的增长效应持怀疑态度（Chancellor，1999）。

------

① 这些研究在考虑金融发展的成本时，一般都假设金融系统功能的发挥，不管是收集、整理信息，监督经历，还是管理风险，都需要投入固定的物质资本，因此，从总体来说，金融发展的成本表现为物质资本从实际生产部门转移到金融部门所产生的成本。本书的思路与这些研究不同，考虑的是人力资本从实际生产部门转移到金融部门造成的成本。

Loayza 和 Ranciere（2006）同时回顾了金融发展理论与银行、货币危机两类相互矛盾的文献。为解释这个矛盾，他们把金融对经济的影响分为短期和长期。在短期内，由于金融波动和危机的负面影响，对实体经济产生了负作用，但是在长期内，金融发展通过优化资本配置和分散风险，促进了经济增长。

事实上，长期内金融过度发展也会对经济产生不利的影响。至少有三点理由支持这种观点：首先，金融发展可以产生高的投资回报，并降低风险，减少预防性储蓄，从而降低储蓄倾向和减少长期投资（Deveraux & Smith，1994；Obstfeld，1994）；其次，建立和维护金融部门需要从生产部门转移出一些实物资本，也就是前面提到的金融发展的成本。金融部门过度发展会导致实体经济投资不足，影响长期的经济增长[①]（Santomero & Seater，2000）；第三，现代金融发展是一个高度技术密集型的经济发展活动，成熟的金融体系吸收了相当一部分高技能人才，如果金融部门过度发展，从实体经济部门转移出人力资本的机会成本可能超过了金融发展促进增长的潜在收益，阻碍了经济的长期增长。因此，尽管金融发展对增长有潜在的正的影响，但是考虑到金融发展的成本，经济中存在一个最优的金融规模（Santomero & Seater，2000；Amable et al.，2002；Graff，2005，2013）。本章将遵循第三条思路，从人力资本在金融和实体经济部门间配置的角度，探讨金融发展的非线性增长效应和最优金融规模。

[①] 金融部门的过度发展，会扭曲一国的经济结构，对实体经济部门造成损害，在开放条件下，导致本国国际收支持续失衡，加剧经济波动的潜在风险。雷达和赵勇（2009）分析了中美经济失衡的性质，认为中美两国金融不平衡发展与国际产业转移是造成中美之间持续失衡的原因。

5.2　金融发展影响经济增长的理论分析

本章考察一个四部门的分散经济[①]：（1）最终产品部门；（2）中间投入品生产部门；（3）研发部门；（4）金融部门。经济中只有一种最终产品，其产量用 Y 表示，由最终产品部门提供。人力资本有三种用途：既可以投入到最终产品部门的生产（H_Y），也可以投入到研发部门从事技术的研发（H_N）和投入到金融部门开发新的金融产品和服务（H_Γ），且 $H = H_Y + H_N + H_\Gamma$，其中人力资本总量假设为给定值。整个经济体系运行机制为：金融部门中的金融创新者使用投入的人力资本，结合现有的金融产品存量（Γ），生产新的金融产品（$\dot{\Gamma}$）。然后把新开发的金融产品卖给金融中介，而金融中介把金融产品租给研发部门。研发部门再结合人力资本和技术知识存量进行研究开发，将新研发出来的中间产品设计方案注册为永久性专利（N），并出售给下游的中间产品生产商；中间产品生产商使用购买的中间产品设计方案，生产新的中间产品，然后将新生产出来的中间产品出售给其下游的最终产品生产商，最终产品生产商使用其购买来的新的中间产品（x_i），雇佣一定量的人力资本来生产最终产品。

[①]　为了体现所强调的金融发展成本，在构建模型时，特意加入了金融部门的生产函数，且假设金融发展的机会成本是转移到金融部门的人力资本。

5.2.1 模型设定

1. 技术

最终产品部门的总量生产函数采用扩展的 D–S 形式：

$$Y = AH_Y^{\alpha} \int_0^N x_i^{\beta} di, \quad \alpha, \; \beta > 0, \; \alpha + \beta = 1 \tag{5.1}$$

其中，Y 为最终产品的产量。$A > 0$ 为技术水平参数，可视为一系列制度因素。H_Y 为投入到最终产品生产部门中的人力资本。N 为国内中间产品的种类数，为避免整数约束，设 N 是连续而非离散的，x_i 为第 i 种中间产品数量。

中间产品部门，在 $[0, N]$ 上分布着无数个中间产品生产企业，每个企业只生产一种中间产品，而且这些中间产品之间不存在直接的替代关系或互补关系。为简便起见，假设一旦新的产品品种或设计方案被发明出来后，一单位任一类型的中间产品的生产正好耗费 1 单位的最终产品 Y，即生产函数是线性的。

金融发展水平通过金融产品种类来刻画。类似于 Chou 和 Chin（2004），假设金融部门包括金融创新部门和金融中介。金融创新部门开发与生产新的金融产品品种或设计方案，产出取决于投入的人力资本及金融产品存量，即旧的金融创新产品。因此，金融创新部门的生产函数为：

$$\dot{\Gamma} = \eta \Gamma H_r \tag{5.2}$$

其中，$\dot{\Gamma}$ 表示金融创新产出数量，η 是金融部门的产出效率参数，H_r 表示投入到金融创新部门的人力资本。金融中介用金融创新产品把储蓄转化成生产性投资，并且为研发融资。

研发部门开发新的中间产品品种或设计方案，研发产出取决于该部门的人力资本投入、已有的技术知识存量以及金融产品存量。金融发展通过对 R & D 项目事前的评估（King & Levine，1993）和事中、事后的监督（Fuente & Martin，1996），避免资源配置的逆向选择和创新企业的道德风险行为，而且可以集中和分散投资风险，减少投资者的流动性风险，从而促进技术创新和经济增长（Aghion et al.，2005；Matsuyama，2007）。因此，研发的生产函数形式为：

$$\dot{N}\delta H_N^x N^\psi \Gamma^\lambda，\ \delta>0，\ 0<x<1，\ 0\leqslant\psi<1，\ \lambda>0，\ x+\lambda=1 \quad (5.3)$$

式中，$\dot{N}$ 为技术知识的增量，N 表示已有的技术知识存量。δ 为研发部门生产力参数，H_N 为投入的人力资本。技术参数 x、ψ 和 λ 分别度量了人力资本在研发部门的产出弹性、知识的外部性和金融部门的研发产出弹性。假设条件 $\chi+\lambda=1$ 是为了保证研发市场是完全竞争的。

2. 消费偏好

假定代表性家庭在无限时域上有一个标准的固定弹性效用函数：

$$U（c）=\int_0^\infty \frac{c^{1-\sigma}-1}{1-\sigma}e^{-\rho t}dt，\ \sigma，\ \rho>0 \quad (5.4)$$

其中，σ 为边际效用弹性，它是跨期替代弹性的倒数，ρ 为消费者的主观时间偏好率。

5.2.2　竞争性的市场均衡

最终产品 Y 的价格单位为 1，即 $P_Y=1$，W_Y、W_Γ、W_H 分别表示投入到最终产品部门、金融部门以及研发部门的人力资本报酬率；P_{x_i} 表示中间产品价格；r 表示市场利率。假设最终产品市场、劳动力市场和金融市场是完全竞争的，对于中间产品市场，假设：（1）中间产品部门是自由进出的；（2）当中间产品生产商的上游部门开发出一个新的中间产品品种或设计方案以后，这个新方案便被某一中间产品生产商购买，并进行垄断性生产。

1. 最终产出部门

最终产品部门的企业通过选择中间产品 x_i 和雇佣人力资本数量 H_Y 使自己利润最大化：

$$\underset{H_{Y,x_i}}{Max}\pi = Y\{H_Y,\ x_i\}\ -W_YH_Y-\int_0^N P_{x_i}x_idi \qquad (5.5)$$

利润最大化条件为：

$$W_Y = \frac{\alpha Y}{H_Y} \qquad (5.6)$$

$$x_i = H_Y\left[\frac{A\beta}{P_{x_i}}\right]^{\frac{1}{\alpha}},\ 即\ P_x = A\beta H_Y^\alpha X^{-\alpha} \qquad (5.7)$$

根据对称性可知，所有中间产品都对称地投入到最终产品部门，从而具有相同的需求函数，因此（5.7）式中的下标都可以去掉。

2. 中间产品部门

由（5.7）式可以看出，中间产品生产企业面对的需求函数是向右下方倾斜的，意味存在着对中间产品的垄断生产而带来的垄断利润，这正是企业持续创新的微观激励所在。中间产品部门购买上游部门（研发部门）开发出来的一个新的中间产品设计方案，所花费的支出为固定成本。生产任何单位的中间产品的可变成本为 $1\cdot x$，总收入为 $P_x\cdot x$，因此中间产品生产商的决策规划为：

$$\underset{P_x}{Max}\pi_m = P_x\cdot x - 1\cdot x \qquad (5.8)$$

将（5.7）代入（5.8）式，由一阶最优条件得到中间产品部门的垄断定价：

$$P_{x_i} = P_x = \frac{1}{\beta} \qquad (5.9)$$

将（5.9）式代入（5.7）式，有：

$$x_i = \bar{x} = A^{\frac{1}{\alpha}}\beta^{\frac{2}{\alpha}}H_Y \qquad (5.10)$$

由（5.1）和（5.10）式，最终产品部门在均衡状态的产出水平为：

$$Y = AH_Y^\alpha N\bar{x}^\beta = A^{\frac{1}{\alpha}}\beta^{\frac{2\beta}{\alpha}} NH_Y \qquad (5.11)$$

3. 金融部门

金融部门包括金融创新部门和金融中介。金融创新部门专门负责设计或生产金融创新产品。假设新的金融产品的价格为 P_Γ，人力资本报酬为 W_Γ，代表性金融创新厂商的决策规划为：

$$\underset{H_\Gamma}{Max}\pi_\Gamma = P_\Gamma \cdot \dot{\Gamma} - W_\Gamma \cdot H_\Gamma \qquad (5.12)$$

由一阶条件可知：

$$W_\Gamma = P_\Gamma \cdot \eta \cdot \Gamma \qquad (5.13)$$

在金融部门下游，金融中介从金融创新部门购买金融创新产品或设计方案，用这些金融创新产品把储蓄转化为投资，并且为研发活动融资。由于本书考察的是金融发展促进技术进步的作用，因此简化了金融中介部门。假设中介部门能把储蓄无成本地完全转化为投资，不能通过利率差来收取佣金，即存、贷利率相等，并且金融中介都是完全竞争条件下的价格接受者。因此，其收入只能从对研发部门提供风险投资服务收取租金 R_Γ。为简单，假设金融中介不需要人力资本投入。

在每个时刻，代表性金融中介必须确保其收入等于购买金融创新产品的支出：

$$R_\Gamma \cdot \Gamma = P_\Gamma \cdot \dot{\Gamma} \qquad (5.14)$$

4. 研发部门

假设中间产品的设计方案专利价格为 P_N，人力资本报酬为 W_N，金融产品租金率为 R_Γ，研发部门的生产决策规划为最大化利润函数：

$$\underset{H_N,\Gamma}{Max}\pi_N = P_N \cdot \dot{N} - W_N \cdot H_N - R_\Gamma \cdot \Gamma \qquad (5.15)$$

由一阶条件得到：

$$W_N = x\delta P_N H_N^{x-1} - N^\psi \Gamma^\lambda \qquad (5.16)$$

$$R_{\Gamma} = \lambda \delta P_N H_N^x N^{\Psi} \Gamma^{\lambda-1} \tag{5.17}$$

根据假设，中间产品部门是可以自由进出的，故在均衡状态中，中间产品生产技术的专利价格应等于垄断生产者所能获得利润的贴现值，即非套利条件：

$$P_N = V(t) \int_t^{\infty} \pi_m(s) e^{-\bar{r}(s,t)(s-t)} ds \tag{5.18}$$

其中，$\bar{r}(s,t) \equiv \frac{1}{s-t} \int_t^s r(w) dw$，代表时刻 t 与 s 之间的平均利率。

如果 r 不随时间变化（可以证明均衡状态下利率为常数 r），则 (5.18) 变为：

$$P_N = V(t) = \frac{1}{r} \pi_m(t) = \frac{1}{r}(P_x - 1)\bar{x} = \frac{1}{r}\left(\frac{\alpha}{\beta}\right)\bar{x} \tag{5.19}$$

5. 家庭与市场均衡

由 (5.4) 式，代表性家庭最优化得出消费增长率的一般表达式：

$$g_c = \frac{\dot{c}}{c} = \frac{1}{\sigma}(r-\rho) \tag{5.20}$$

假设经济中人力资本可以无成本地在各部门间自由流动，在均衡条件下，最终产品部门、金融部门和研发部门人力资本报酬应相等，即 $W_Y = W_{\Gamma} = W_N$。

结合 (5.2)、(5.13)、(5.14) 式以及 (5.16) 与 (5.17) 式，金融部门和研发部门人力资本报酬率相等意味着：

$$\frac{H_N}{H_{\Gamma}} = \frac{x}{\lambda} \tag{5.21}$$

另外，因为 $W_Y = W_N$，结合 (5.6)、(5.10)、(5.11) 以及 (5.16)、(5.19) 式，得到：

$$H_Y = \frac{rH_N}{\delta\beta x} \cdot \frac{N^{1-\psi}}{H_N^x \Gamma^\lambda} \qquad (5.22)$$

在平衡增长路径上 g_Γ、g_Y、g_c 和 g_N 都为不变的常数，因此，由（5.2）和（5.21）式，可知 H_Γ、H_N、H_Y 在均衡时都是固定的。根据（5.3）式

$$g_N = \frac{xg_{H_N} + \lambda g_\Gamma}{1-\psi} = \frac{\lambda}{1-\psi}g_\Gamma \qquad (5.23)$$

由于在均衡时，配置到研发部门的人力资本不变，因此，$g_{H_N} = 0$。把（5.3）式变成：$N^{1-\psi}/H_N^x \Gamma^\lambda = \delta/g_N$，并代入（5.22）式，可得：

$$\frac{H_Y}{H_N} = \frac{r}{\beta x g_N} \qquad (5.24)$$

根据（5.2）、（5.11）和（5.23）式，可得稳态经济增长率 g_Y：

$$g_Y = g_N = \frac{\lambda}{1-\psi} \cdot g_\Gamma = \frac{\lambda\eta}{1-\psi} \cdot H_\Gamma \qquad (5.25)$$

在平衡增长路径上，根据消费、投资与产出的关系可知，变量 Y 和 C 具有相等的增长率，因此：

$$g = g_Y = g_c = g_N = \frac{\lambda}{1-\psi} \cdot g_\Gamma = \frac{\lambda\eta}{1-\psi} \cdot H_\Gamma \qquad (5.26)$$

结合（5.20）、（5.21）、（5.24）、（5.26）以及 $H = H_Y + H_N + H_\Gamma$，可得平衡增长路径上各经济变量的增长率为：

$$g = g_Y = g_c = g_N = \frac{\lambda^2 \eta \beta H/1-\psi^{-\rho}}{\sigma + (x+\lambda)\beta} \qquad (5.27)$$

5.2.3 比较静态分析

通过对（5.27）式进行比较静态分析，我们讨论了：金融发展的增长效应和最优的金融规模。

1. 金融发展的增长效应

在金融部门的产出函数式（5.2）中，η 表示金融部门自身的产出效率，其对稳态增长率的影响为：

$$\frac{\partial g}{\partial \eta} > 0 \qquad (5.28)$$

金融部门产出效率的提高对稳态增长率的影响表现在两方面：首先，由（5.2）和（5.3）式可以看出，增加 η 将直接提高金融部门的产出增长率，从而促进技术进步和稳态经济增长；其次，由（5.13）和（5.21）式可知，在稳态时，配置到金融部门和研发部门的人力资本比率是固定的，且金融部门资本报酬 W_r 是 η 的递增函数，因此 η 的增加也将由于提高了金融部门人力资本投资回报率而使得人力资本从最终产品部门转移到本国金融部门和研发部门，从而提高稳态增长率。

金融发展通过为研发融资，提高了研发产出水平和经济增长率。注意到研发部门的产出函数（5.3），金融发展对研发的产出弹性用参数 λ 表示。

$$\frac{\partial g}{\partial \lambda} = \frac{2\lambda\eta\beta\sigma H + \rho\beta (1-\psi) + (2x+\lambda) \lambda\eta\beta^2 H}{(1-\psi) \left[\sigma + (x+\lambda) \beta \right]^2} > 0 \quad (5.29)$$

金融发展的研发产出弹性越大，研发部门的资本配置效率就越高，增长也就越快。另外，由（5.16）式可知，λ 的增加提高了研发部门人力资本回报率，从而吸引人力资本转移到研发部门，加快了技术进步和经济增长。

2. 最优金融规模

人力资本被分别投入到最终产品生产部门、研发部门和金融部门。根据（5.20）、（5.21）、（5.24）、（5.27）式和 $H = H_Y + H_N + H_r$ 可得，均衡时配置到金融部门的人力资本为：

$$H_\Gamma = \frac{\lambda^2 \eta \beta H - (1-\psi)\rho}{\sigma\lambda\eta + (x+\lambda)\lambda\eta\beta} \tag{5.30}$$

由上式可知，当经济处于稳态时，配置到金融部门的人力资本由人力资本存量和一些技术、偏好参数决定。当人力资本存量上升时，配置到金融部门的人力资本存量也相应的上升。根据（5.30）式，可以得到用人力资本表示的最优金融规模：

$$\frac{H_\Gamma}{H} = \frac{\lambda^2 \eta \beta - (1-\psi)\rho/H}{\sigma\lambda\eta + (x+\lambda)\lambda\eta\beta} \tag{5.31}$$

金融发展虽然能促进经济增长，但是如果金融部门过度发展，过多的人力资本被投入到金融部门将会减少配置到实体经济部门的人力资本，最终会阻碍经济增长（Graff, 2005）。最优金融规模由总的人力资本存量决定：

$$\frac{\partial (H_\Gamma/H)}{\partial H} = \frac{(1-\psi)\rho}{\sigma\lambda\eta + (x+\lambda)\lambda\eta\beta} \cdot \frac{1}{H^2} > 0 \tag{5.32}$$

$$\frac{\partial^2 (H_\Gamma/H)}{\partial H^2} = \frac{-2(1-\psi)\rho}{\sigma\lambda\eta + (x+\lambda)\lambda\eta\beta} \cdot \frac{1}{H^3} < 0 \tag{5.33}$$

由（5.32）和（5.33）式可知，当人力资本存量增加时，金融规模，也即配置到金融部门的人力资本比重，会以递减的速度上升。这个结论与实际相符，表明最优的金融规模存在一个极大值，不会随着人力资本存量的增加而无限地上升。

5.3 金融发展与增长非线性关系的实证研究

前面从理论上证明了存在最优的金融规模，本节用跨国的经验数据检验金融发展的非线性增长效应，证明存在最优的金融规模。

根据 Levine et al.（2000）框架，考虑如下增长方程：

$$\Delta y_{i,t} = \alpha_1 \cdot y_{i,t-1} + \alpha_2 \cdot F_{i,t}^2 + \alpha_3 \cdot F_{i,t} + \beta \cdot X_{i,t} + \eta_i + \lambda_t + \varepsilon_{i,t}$$

$$(5.34)$$

其中，y 是实际人均 GDP 的对数值，F 代表金融发展水平，F^2 是金融发展水平的平方项，X 表示解释变量集，η 是无法观测的国别效应，λ 指仅随时间变化的变量，ε 是误差项，服从通常的假设。下标 i 和 t 分别代表国家和时间。根据上节理论，我们预计 α_2 为负，增长率随着金融发展水平的上升而提高，超过最优的金融规模后，金融发展反而会阻碍增长。

5.3.1 估计方法

以前的关于金融发展增长效应的研究大多采用跨国的横截面回归。由于金融发展与增长的相互影响，为了消除内生性，后来的研究寻找金融发展的工具变量，比如法律起源（LLSV，1998）、国家的宗教构成以及纬度（LLSV，1999）。虽然工具变量法消除了金融发展的内生性，但是却无法克服其他解释变量的内生性，尤其是初始的实际人均 GDP，造成的偏误①。

为了消除内生性问题造成的估计误差，本章拟采用专门为处理动态面板数据而发展起来的 GMM 估计②。Arellano 和 Bond（1991）提出了差分的 GMM 估计，其基本思路是先对（5.34）式差分，消除国别效应，然后用一组滞后的解释变量作为差分方程中相应变量的工具变量。然而，差分的 GMM 估计量易受弱工

---

① 关于金融发展增长效应实证研究的方法，Beck（2008）作了非常全面的综述。
② 本书的计量模型中存在被解释变量的滞后项，解释变量具有潜在的内生性，而且数据的特点是样本量大、时间长度小，动态面板的 GMM 估计非常适合处理这类数据。

具变量的影响而产生有限样本偏误（Levine et al., 2000）。为克服这一问题，Blundell 和 Bond（1998）提出了系统的 GMM 估计方法。系统的 GMM 估计结合了差分方程和水平方程，并增加一组滞后的差分变量作为水平方程相应变量的工具。相对来说，系统的 GMM 估计具有更好的有限样本性质。因此，本章采用系统的 GMM 估计。

GMM 估计量的一致性依赖于工具变量的有效性。为此，本章采用 Arellano & Bover（1995）和 Blundell 和 Bond（1998）建议的两项检验：第一项为检验过度识别的 Hansen 检验；第二项检验误差项不是序列相关的假设有效性。如果这两个假设的原假设都没有被拒绝，说明模型选择的工具变量是有效的。

5.3.2　变量和数据来源

解释变量包括金融发展水平和其他解释变量。与以往的研究不同，本章用金融就业比重作为衡量金融发展水平的指标，理由是：金融就业比重与其他常用的度量金融发展水平的指标高度相关，而且这个指标反映了人力资本在不同部门之间的配置，既度量了金融发展水平，又反映了金融发展的成本。作为比较，本章还用金融业增加值占总增加值的比重来度量金融发展水平。金融业增加值的比重越高，金融发展水平就越高。然而，产业结构过度偏向于虚拟化，也会损害到实体经济的发展。其他解释变量包括：实际人均 GDP 的初始值、平均受教育年限、政府规模、经济开放度、人口增长率、通胀率以及各年的时间虚拟变量。

本章的实证研究会用到两组样本，一组样本包括除卢森堡以外的其他 OECD 国家，时间跨度为 18 年（1990 - 2007）；另一组样本作为比较，直接利用 Levine et al.（2000）的数据库①，只是用金融就业比重作为金融发展的替代指标。参照跨国增长研究通常的做法，本章对数据取 6 年平均，将 18 年分为 3 个区间，即 1990～1995、1996～2001 和 2002～2007。这种处理数据的方法可以避免商业周期的影响（Beck，2008）。

各国金融业就业的数据来自于 LABORSTA 数据库。产业的分类标准有 ISIC‐2 和 ISIC‐3 两种，其区别是 ISIC‐2 把金融中介活动与保险、房地产和相关商业服务的加总，而在 ISIC‐3 的分类中则是分开的。为统一标准，可以把金融就业定义为从事金融中介、保险、房地产及其相关商业服务的就业。因此，在 ISIC‐2 分类中，金融就业是 Major division8，而在 ISIC‐3 分类中，金融就业由 Tabulation category J 和 K 加总得到。OECD 国家的金融业增加值的数据可以从 OECD 官方网站的数据库得到。

政府规模用政府开支占 GDP 比重表示，经济开放度用一国进出口占 GDP 的比重表示，各国实际人均 GDP、政府支出、进出口从 OECD 官方网站数据库得到。而人口增长率和通货膨胀率可以从世界银行的 WDI 得到，其中通货膨胀率用 GDP 平减指数表示。人力资本按照 Barro 和 Lee（1996）的定义，由经济中超过 25 岁人口的平均受教育年限表示，数据可以从网上下载。

5.3.3 实证结果分析

系统的 GMM 估计对解释变量的处理非常重要，不同的解释变量，选取工具变量的滞后期也不同。解释变量分为三类：外生变量，

---

① 数据可以直接从 Levine 的主页下载。关于金融与增长关系的实证研究很多都是基于 Levine 的样本。同样的样本国家和数据，虽然得到的结论一致，但是结论的有效性却受到批评，比如 Graff（2005）。

包括时间虚拟变量，就用本身作为工具变量；前定变量，包括实际人均 GDP 的初始值和人力资本，采用其滞后一阶以及更多项来做工具变量；内生变量，包括金融发展及其二次项、政府规模、开放度、人口增长率和通胀率，可以采用其滞后二阶以及更多项作为工具变量（Roodman，2006）。

　　表 5.1 报告了系统的 GMM 估计结果，跟理论预期的方向一致，金融发展的二次项为负，并且都非常显著，说明金融发展的增长效应是非线性的。模型的设定有两种形式，一种是 Simple 信息集，控制了实际人均 GDP 的初始值和人力资本对增长率的影响；另一种是 Policy 信息集，包括 Simple 信息集和政府规模、开放度、人口增长率以及通胀率。表 5.1 还报告了 Hansen 过度识别检验和 Arellano – Bond 残差序列相关检验，结果显示都不能拒绝原假设，表明模型中选取的工具变量是有效的。

　　实证结果显示，金融发展及其平方项的估计系数都在统计上显著（两项联合显著性检验的值为 0.0001），其中一次项的系数为正，平方项的系数为负。这一结果表明：在金融发展水平较低的情况下，增长率随金融发展水平的上升而提高，但是一旦达到最优的金融规模，两者之间的关系就变成负。那个转折点估计是在金融发展水平指标大约 0.097 的地方出现。这个位置正好对应于奥地利、冰岛和挪威上世纪 90 年代的平均金融发展水平。需要指出的是，这个最优的金融发展水平是控制其他变量后的估计值，由于每个国家的社会和经济发展水平不一样，其潜在的最优金融规模也不同，因此，这里仅仅强调金融与增长的非线性关系。

　　为了对估计的结果进行敏感性分析，本章利用金融增加值占总增加值的比重作为另一个衡量金融发展的指标，对前面的模型进行回归。金融增加值比重也反映了金融发展规模，表 5.1 的结果表明，金融发展对增长的影响方向与理论预测一致，但是不显著。这可能是因为金融增加值比重不能反映金融发展的成本，是证明金融发展非线性增长效应的弱的证据。另外，为了表明样本国家和时期的选择不会影响到估计结果，本章利用 Levine et al.（2000）的数据，以金融就业比重作为金融发展水平的度量指标，进行了回归，结果与预期一致，且在 1% 的置信水平下显著。另外，除政府规模，其他变量对增长的影响也都与理论预期一致。

表 5.1　金融发展的非线性增长效应：System – GMM 估计

Independent Variables	金融就业比重		金融增加值比重		Levine 的样本	
	Simple[a]	Policy[b]	Simple	Policy	Simple	Policy
C	4.861	15.01***	18.63**	18.04**	0.09***	0.176***
	(0.32)	(2.79)	(2.66)	(2.47)	(5.46)	(7.49)
linitial	−0.905	−2.03***	−2.07**	−1.97**	−0.013***	−0.03***
	(−0.51)	(−3.28)	(−2.18)	(−2.08)	(−4.3)	(−5.49)
education	0.34***	0.37***	0.198*	0.094	0.0038***	0.0026
	(3.19)	(3.64)	(1.74)	(0.91)	(3.72)	(1.05)
f2	−321.9***	−240.4***	−34.96	−11.98	−3.456***	−3.763***
	(−2.92)	(−4.2)	(−1.48)	(−0.5)	(−5.68)	(−4.55)
finance	56.551*	46.79***	12.07	3.02	0.545***	0.641***
	(1.69)	(2.96)	(0.75)	(0.19)	(3.63)	(2.99)
government size		1.35		6.48		0.247***
		(0.27)		(1.08)		(3.3)
openness		1.32***		1.42***		0.069***
		(4.09)		(2.8)		(5.08)
population		−1.37***		−1.66***		−1.55***
		(−6.31)		(−3.92)		(−5.53)
inflation		0.022*		−0.0091		−0.083***
		(2.03)		(−0.46)		(−3.02)
Number of instruments	17	25	17	27	45	45
F – statistic	13.46	39.94	11.71	14.72	724.71	335.47
Serial correlation testc	0.714	0.862	0.993	0.769	0.767	0.673
Hansen testd	0.151	0.29	0.632	0.446	0.341	0.721

[a]Simple 信息集包括实际人均收入的初始值、平均受教育年限。

[b]Policy 信息集包括 Simple 加上政府规模、开放度、人口增长率以及通胀率。

[c] 序列相关检验给出了 P 值，原假设为不存在序列相关；

[d] Hansen test 为工具变量过度识别约束检验，原假设是工具变量是有效的。

注：括号内为异方差稳健 t 统计量，上标[*]，[**] 和[***] 分别表示 10%，5% 和 1% 置信水平。时间虚拟变量被省略。金融就业比重就是以金融业的就业占总就业的比重作为金融发展水平度量指标的样本，样本期间是 1990 - 2007，包括除卢森堡的 OECD 所有国家；金融增加值比重是以金融业增加值占总增加值比重度量金融发展水平的样本，样本期间是 1990 - 2007，包括除卢森堡的 OECD 所有国家；Levine 的样本选取 Levine et al. （2000）的多国样本数据，以金融业的就业占总就业的比重作为金融发展水平度量指标。根据数据的可得性，样本国家有 43 个，样本期间为 1970 - 1995。

通过上述回归分析，本章发现金融发展对经济增长的影响不是线性的，而是一个倒 U 型（图 5.1）。在发展的初期，由于经济发展水平不高，不能承担金融发展的成本，经济陷入贫困性陷阱，金融与增长的关系不显著（Deidda & Fattouh，2002）。当越过经济发展的"门槛"后，金融发展通过储蓄动员和资本配置功能，促进了资本积累和技术进步，因此，金融发展的收益超过其成本，显著地促进了经济增长。但是，当金融规模发展到一定阶段后，由于人力资本和物质资本被过多地配置到金融部门，造成实体经济部门投入不足，在此阶段，金融过度发展反而会阻碍经济增长。正如诺贝尔经济学奖获得者、法国经济学家莫里斯·阿莱斯指出的，由于当今的世界经济中，每天只有不到 2% 的金融交易活动与物质交易有关，大量的虚拟金融资产在无抑制地增长。在这种"倒金字塔"型结构中，大大快于基础部分，它吸引了大批人才和资金，不仅是一种巨大的浪费，而且由于这些人才和资金正是从物质生产部门直接或间接掠夺来的，所以它还破坏了物质经济的增长。

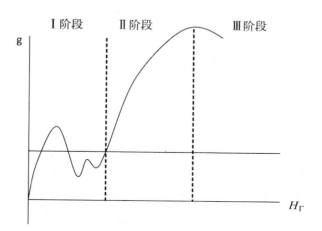

图5.1 金融发展与经济增长关系的三个阶段

2007－2008年肇始于美国、重创全球经济并影响深远的国际金融危机就是一个鲜活的案例。本轮国际金融危机是由"华尔街"所代表的金融巨头通过向低收入人群授信的过度信用和以资产证券化等形式所掩盖的过度金融创新导致的金融过度发展，并造成了经济泡沫和"虚假繁荣"，对于经济尤其是实体经济发展产生了强大的破坏力。事实上，这一轮国际金融危机在发生前期就已经埋下了隐患，美国、欧洲等国出现的重视"虚拟经济"、产业空心化就是直观表现，"次贷危机"只是引燃的导火索而已。因此，在金融发展过程中，不仅要防止金融抑制对经济的负面影响，同时要加强宏观审慎监管、强化金融机构风险管理能力，要防范金融过度发展对经济的不良影响。在当前中国经济转型升级加速的关键时期，后者甚至比前者更为重要。

5.4　最优金融规模的决定因素

上一节的研究证明了金融的增长效应是非线性的，存在最优的金融规模。在上节的基础上，本节将研究哪些因素决定一国潜在的最优金融规模。与上节相同，将采用除卢森堡以外 29 个 OECD 国家、时间跨度为 18 年（1990 - 2007）的样本，对影响最优金融规模的因素进行初步研究。同时，为了消除经济周期波动的影响，对数据同样取 6 年平均。

5.4.1　计量模型的设定

首先，最优的金融发展路径取决于社会和经济发展水平（Graff，2005，2013）。根据式（5.32），最优金融规模还取决于人力资本，人力资本存量的增加会提高最优金融规模。另外，还有一个在文献中反复被提到的影响因素是经济发展水平。因此，综合以上因素，计量模型被设定为一个简单的线性方程：

$$F_{i,t} = \alpha_0 + \alpha_1 \cdot y_{i,t} + \alpha_2 \cdot H_{i,t} + \zeta_{i,t} \qquad (5.35)$$

其中，F 是金融发展水平，y 是实际人均 GDP 的对数值，H 是人力资本存量，ζ 是误差项，其分布服从通常的假设。

5.4.2　实证结果分析

作为比较，本节分别用固定效应模型、随机效应模型和系统的 GMM 估计三种不同的方法进行回归，结果如表 5.2。

表 5.2 报告的结果表明，用三种方法估计的结果是一致的，用

实际人均 GDP 度量的经济发展水平和平均受教育年限度量的人力资本存量可以解释大部分国家间金融发展水平的差异，并且都非常显著。为消除联立性偏误，本节利用系统的 GMM 估计量，结果与固定效应和随机效应模型一样，只是系数会下降。这说明变量的内生性导致常规的估计系数向上偏。

表 5.2 最优金融规模的影响因素估计

	FE	RE	System – GMM
C	-0.632^{***} (-12.57)	-0.638^{***} (-14.55)	-0.438^{***} (-4.07)
Y	0.068^{***} (8.77)	0.073^{***} (13.51)	0.0546^{***} (4.83)
education	0.0085^{*} (1.9)	0.0039^{*} (1.85)	0.00193^{**} (2.02)
Number of instruments	—	—	11
R – sq	0.6932	0.7242	—
Serial correlation test	—	—	0.905
Henson test	—	—	0.477

注：括号内为异方差稳健 t 统计量，上标 $*$，$**$ 和 $***$ 分别表示 10%，5% 和 1% 置信水平。

上述回归分析表明：经济发展水平会影响到金融发展水平。经济发展水平越高，对金融服务的需求就越多，并且金融服务的平均成本也会下降，从而促进了金融发展水平的上升。另外，与式 5.32 预测一致，人力资本存量增加，会使得更多的人力资本被配置到金融部门，提高金融发展水平。这个结果跟现实是吻合的，经济发展水平较高，人力资本丰裕的国家，其金融产业在产业结构中的比重和发展水平也较高。因此，潜在的最优金融规模主要由经济发展水平和人力资本存量决定。这表明，一国金融的发展规模不能脱离其经济发展阶段，而是一个综合和均衡发展的过程。

5.5 本章小结

在 Goldsmith 和 McKinnon、Shaw 等人对金融发展理论的开创性研究后，大量的文献对金融与增长的关系进行了深入的理论分析和实证研究，大多数文献肯定了金融发展的增长效应。尽管美国学者对于金融与增长的关系显示出极大的热情，但是欧洲学者对此却持更加谨慎的态度（Rousseau & Wachtel，2005）。近来的一些研究强调了金融与增长的非线性关系，他们发现金融的增长效应与经济发展阶段有关，存在"门槛"效应。当经济发展水平没有跨过"门槛"时，金融与增长的关系不明确；当经济跨过"门槛"后，金融发展能显著地促进经济增长。

当经济跨过发展的"门槛"之后，金融的非线性增长效应。因为金融发展是有成本的，比如实物资本和人力资本从实际部门转移到金融部门，金融过度发展会导致机会成本大于其收益，最终损害实体经济的增长。利用 OECD 国家 18 年的样本，实证研究表明：金融发展对经济增长的影响不是线性的，而是一个倒 U 型，经济中存在最优的金融规模，而且潜在的最优金融规模主要由经济发展水平和人力资本存量决定。这个结论对于正在致力于金融改革的中国有很大的借鉴意义，金融发展水平不能超越经济发展的阶段，过度的金融发展不仅会造成短期经济的波动，长期内也会不利于经济增长。因此，在改革中要注意保持实体经济部门和金融部门的平衡发展，才能促进经济更快的增长。这对于我国当前经济出现"脱实向虚"、过度强调金融的功效的趋势，具有很强的警示作用。

第6章

金融发展与反贫困

大规模地减少贫困人口是改革开放以来中国取得的最大成就之一。虽然实现了令人瞩目的经济高增长和贫困的减少，但是也出现了收入差距日渐扩大的发展趋势，如何缩小收入差距、减少贫困是当前我国理论和政策研究的热点问题，也是政府正大力推进的最重要工作任务之一。早期研究收入分配与贫困的文献把金融市场不完善当作给定的条件，忽略了金融发展与减少不平等和贫困的影响，提出以再分配政策应对收入分配不平等。但是，再分配政策对生产和储蓄会产生反向激励，不利于长远的经济增长（Demirguc‐Kunt & Levine，2009）。比较而言，减少市场摩擦的金融部门改革不仅能促进经济增长，减少收入不平等，还能避免重新分配收入和其他资源所带来的、潜在的激励问题。因此，许多学者开始关注金融的扶贫作用（pro‐poor）。

对于中国来说，这一问题的研究具有很强的现实意义。当前，我国的金融业正处于高速发展时期，金融规模大幅提高，金融结构逐步优化，然而 2008 年国际金融危机的影响犹存，理论界仍然存在对中国金融过度化的担心和警惕。与此同时，我国收入差距过大引起消费需求不振、储蓄率过高、经济转型压力大等宏观经济难题，这些问题仍然没有得到有效破解，引发了民众对于金融发展和金融体制改革的期待。因此，后金融危机时代应该重视审视金融发展对于收入分配的影响，也自然引发了我们这样的思考：我国的收入差距是否很大程度上源自于金融发展受到抑制？金融发展能缩小收入差距并达到扶贫效果吗？

本文利用2001~2011年中国省际面板数据，采用处理动态面板数据的系统广义矩（GMM）估计方法，研究中国金融发展对收入分配的影响并判断其对于反贫困的效果。

6.1　文献回顾

早期研究收入分配的文献把金融市场看作外生变量，忽略了金融发展对减少不平等的影响，提出的主要对策是通过再分配政策来减少收入分配不平等。然而，Demirguc - Kunt 和 Levine（2009）对传统的结论提出了批评，认为再分配政策对生产和储蓄会产生逆向激励，不利于长远的经济增长，而对金融部门改革来促进金融发展不仅能够带动经济增长，减少收入不平等，还能避免重新分配收入导致的逆向激励问题。后期对金融发展与收入分配关系的研究主要聚焦于金融发展与收入分配的相互关系上。

从国内外的文献来看，对金融发展与收入分配的关系没有统一的研究结论。归纳来看，对二者关系主要存在三种不同的观点。

第一种观点认为金融发展缩小了收入差距，收入分配作用于贫困减缓，起到了扶贫作用。Galor 和 Zeira（1993）构造了一个两部门跨期模型，认为金融自由化、金融市场的竞争和开放使穷人也能够融资进行人力资本投资，进入高收入的现代部门。Banerjee & Newman（1993）认为由于信息和交易成本导致的金融市场不完善，对缺乏抵押品和信用记录的穷人的信贷约束尤为明显，从而放松信贷约束主要对穷人有利，而对富人影响不显著。因此，金融发展通过提高资本配置效率和放松信贷约束，减少了收入差距，使穷人受益（Galor & Moav，2004）。McKenzie 和 Woodruff（2006）也有类似观点，他们认为在不完全金融市场，高收入人群可以用财产作抵押获得金融机构的融资，而低收入人群即使有良好的项目前景和饱满的创业激情，却苦于无法从正规的金融市场得到融资支持来实现创业梦想。金融发展却可以改变这一状况，使穷人也有创业的机会。Beck、Levine 和 Levkov（2009）考察了美国银行业的发展对收入差距的影响，发现放松金融管制增加了对非熟练工人的需求，减少了收入差距，当某个州放松对商业银行的地区限制后，该州的基尼系数显著下降。Jeanneney 和 Kpodar（2005，2008）以及 Daly 和 Khter（2010）通过跨国数据证实了金融发展缩小收入差距。Shahbaz 和 Islam（2011）以巴基斯坦为例，同样得到金融发展缩小收入差距的结论。

第二种观点认为金融发展扩大了收入差距，不一定起到扶贫效果，甚至起到负作用。在 King 和 Levine（1993）看来，由于不完全金融市场本身存在的过大的信息成本和交易成本，低收入家庭由于没有抵押物作担保，无法为子女的教育融资，阻碍了其人力资本的积累从而影响了收入收敛的可能。Clarke 等（2006）认为金融市场主要引导资金流向富人和拥有良好社会网络的人，因为他们能提供担保品，违约的风险更小。金融发展为富裕家庭提供了更优质的金融服务，而穷人由于不能提供担保品，被排除在正规的金融体系之外。Maurer 和 Haber（2002）从政治经济学的角度解释了金融发展加强收入分配不平等的原因。他们发现，在社会精英统治的国家，金融发展并没有使金融服务向穷人和新企业延伸，金融服务只会使富人和具有某些政治资源的人进一步增加，从而拉大了收入差距。Acemoglu 等（2005）认为收入差距导致政治影响力的分配差异，把穷人排除在金融体系之外，少数精英阶层利用其强大的政治影响力来主导金融部门的改革，获得了大部分利益，而风险却整个社会共担（Claessens & Perotti，2007）。Baland 和 Robinson（2000）以及Ranjan（2000）的研究与之"异曲同工"。他们发现，当被排除在正规金融市场之外的低收入家庭遭遇突发风险时，子女不得不辍学，或过早在低工资部门就业，从而拉大收入差距。

　　第三种观点认为二者存在倒 U 型的非线性关系，即先恶化后改善穷人状况。Greenwood 和 Jovanovic（1990）开创性地建立了一个反映金融发展、经济增长与收入分配间关系的动态模型，证明存在财富门槛效应：早期阶段低收入阶层由于没有能力支付进入成本而无法融入金融系统并从中获益，在财富分配中处于劣势，收入分配差距扩大；当金融媒介比较发达时，更多的人通过财富积累达到门槛水平，他们通过金融服务获得更高的收益，收入差距随之减小。因此，收入差距随金融发展内生形成库兹涅茨曲线。Clarke et al.（2006）在 Kuznets（1955）假说的基础上提出了一个扩展的 Kuznets假说，即非农部门的收入分配差距大于农业部门的收入差距，初始阶段金融发展使得进入非农部门更加容易，收入分配不平等将会加强，通过阀值后收入分配差距将减少。

　　近年来，国内一些文献讨论了中国的金融发展与收入分配的关系（章奇等，2004；姚耀军，2005，2014；杨俊等，2006，2008）。叶志强等（2011）、王征和鲁钊阳（2011）、孙永强（2012）以中国的农村为例，证明了农村的金融发展扩大了城乡差距。这些研究得到的结论基本相同，即中国的金融发展扩大了收入分配差距，金融发展带来了一定的负面效应（张博和胡金焱，2014）。总结发现，前期的研究大部分采用时间序列数据，且没有考察解释变量的内生性问题，例如 Rajan 和 Zingales（2003）认为收入分配不公将影响政治权利的分配从而影响金融发展的深度和宽度。本文将采用中国省级面板数据，运用系统的 GMM 估计方法以避免估计中可能出现的内生性偏差。同时，本文将对金融发展影响收入差距的机制和渠道进行深入分析，从根源上剖析金融发展的收入分配效应及扶贫作用。

6.2　模型设定、变量和估计方法

6.2.1　理论与模型设定

本文首先利用中国 30 个省市区[①] 2001 – 2011 年的面板数据，探讨中国的金融改革对收入差距的影响及贡献度。借鉴 Clarke 等人的研究框架，建立如下基本的回归模型：

$$Ineq = \alpha_0 + \alpha_1 f\ (fina)\ \Sigma_i \alpha_i X + \varepsilon \tag{1}$$

其中，$Ineq$ 是衡量收入差距的指标；$f\ (fina)$ 表示金融发展水平；X 表示影响收入分配的其他控制变量；ε 为误差项。

为了检验金融发展与收入分配间是否符合库兹涅茨效应

---

① 由于数据可得性，没有考虑西藏。按照区域划分的惯例，将 30 个省市区分为中、东、西部。东部地区包括：北京、天津、广东、上海、福建、江苏、辽宁、山东、浙江、河北、海南；中部地区包括：黑龙江、吉林、内蒙古、山西、江西、安徽、河南、湖北、湖南；西部地区包括：重庆、甘肃、宁夏、青海、陕西、广西、四川、新疆、云南。

（Kuznets effect），将反映金融发展的变量的平方次项也考虑进来。同时，结合相关研究文献和中国的实际，还应该加入以下控制变量。

1. 经济增长变量。Kuznets 提出收入分配与经济发展水平有关，并且呈倒 U 型的相关关系，因此，模型中增加了衡量经济发展水平的变量及其平方项。

2. 教育水平变量。在我国现行的教育体制和国家贷款资助政策下，金融发展影响了父母对子女的教育投资决策，其中尤其是高等教育可能改变个人"命运"，对未来就业的行业和收入影响很大，直接关系到我国居民收入差距，以及是否出现贫困代际间转移的问题。

3. 贸易开放度变量。一方面，改革开放后，国家实行了出口导向型的发展战略，为促进出口，政府制定了很多优惠措施。而这些优惠措施，比如贸易许可证、配额和出口补贴等，对高收入阶层可能更有利；另一方面，贸易开放加强了竞争，打破了垄断，使得收入差距缩小。因此，贸易对收入分配的净效应是不确定的。

4. 城镇化变量。城镇化水平对收入分配的影响分为两个方面，如果进入城市的新移民可以通过人力资本增值或经营自己的生意成了城市的中产阶级，就能对不平等产生正面影响，减少贫困；城市的新移民在低工资的非正式部门就业，城镇化反而拉大了收入分配差距，扩大了贫困人群。

5. 政府支出变量。政府的财政政策如转移支付等财政支出对收入分配起到重要作用（Atkinson（1997））。

6. 通货膨胀对穷人的影响要大于对富人的影响（Easterly & Fischer，2001 [26]），富人持有多种资产，有很多手段来分散风险，而穷人最重要的收入来源就是名义的工资收入，因此，通货膨胀会加剧收入不平等。由于中国的利率市场化未完全实现，通胀率无法通过名义利率与实际利率的差值直接得到。

综上，我们得到以下的模型：

$$\ln y_{it} = \alpha_0 + \alpha_1 \ln FD_{it} + \alpha_2 \ (\ln FD_{it})^2 + \alpha_3 \ln EDU_{it} + \alpha_4 \ln GDP_{it} + \alpha_5 \ (\ln GDP_{it})^2 + \alpha_6 \ln OPEN_{it} + \alpha_7 \ln URB_{it} + \alpha_8 \ln GOV_{it} + \alpha_9 \ln INF_{it} + \eta_i + \lambda_t + \varepsilon_{it} \tag{2}$$

其中，y 表示收入差距；FD 表示金融发展水平；EDU 表示受教育水平，本文用平均受教育年限来反映；GDP 反映经济发展水平，用各省份实际人均 GDP 表示；$OPEN$ 表示开放程度，用进出口总额/GDP 表示；URB 为城镇化率，表示城镇常住人口占总人口的比重；COV 为政府支出水平，用政府财政支出/GDP 来表示；INF 表示通货膨胀率，本文用 CPI 增长率来替代；η 是无法观测的地区效应，比如区位、区域禀赋差异等因素；λ 指仅随时间变化的影响因素；ε 是误差项，下标 i 和 t 分别代表地区和时间。

6.2.2 变量以及数据来源

1. 金融发展水平。如果采用麦金龙的 M2/GDP 指标测度金融发展水平，将会掩盖投资渠道不畅、谨慎性消费倾向过高、交易手段落后等原因导致的 M2 值偏高，从而高估了金融深化程度。因此，可以采用金融相关系数（FIR，Financial Interrelation Ratio）指标，即一国（地区）的全部金融资产与同期 GDP 的比值。国内不少学者在测度金融发展水平时也采用了这一指标，如姚耀军（2005）、陈志刚（2009）等。各省金融资产数据来自于《中国金融年鉴》以及各省统计年鉴。

2. 收入分配的度量。收入分配具有多重维度，地区、群体、城乡以及个人的收入差距问题都构成了收入分配的来源，本文则主要考察金融发展对中国区域间收入分配不平等的影响。测度收入分配最常用的指标是基尼系数。由于中国城镇和农村的居民收入数据是分开统计的，这就对计算城乡混合的基尼系数造成困难。另外，城镇多采用等距五分法或非等距七分法，农村的调查数据一般按收入水平分组，而且不同省区组距差异很大（鲁晓东，2008）。考虑到数据在各省区之间可比性，还需要考察各省城镇居民的收入分配不平等问题。目前，计算省际基尼系数的文献并不多，主要有胡祖光（2004）、陈昌兵（2007）以及鲁晓东（2008）等。本文参考了胡祖光（2004）和鲁晓东（2008）的方法计算出各省的 GINI 系数。此外，由于我国是一个典型的城乡二元经济结构，陆铭等（2005）等研究表明城乡收入差距的变动可以解释近年来中国总体收入差距变动的75%。因此，城乡收入比也可作为衡量我国收入分配差距的替代指标[①]，用各省份城市居民可支配收入与农村居民人均纯收入之比 CV 来表示。

各变量的数据均来自于各省统计年鉴，变量的统计描述参见表6.1。

表 6.1　各个变量的统计描述

变　量	平均值	标准差	最小值	最大值	观测数
GINI 系数	0.357	0.124	0.339	0.437	330
城乡收入比 CV	2.857	0.524	2.064	3.934	330
FD	0.841	0.378	0.536	1.874	330
人均 GDP（自然对数）	9.253	0.684	9.706	11.353	330
EDU	8.641	1.257	6.873	12.632	330
OPEN	0.338	0.427	0.034	1.772	330
URB	0.508	0.132	0.350	0.893	330
GOV	0.168	0.074	0.049	0.452	330
INF	0.0042	0.0015	− 0.0032	0.006	330

[①]　事实上，如果把财产性收入纳入到居民收入统计中是最为合理的，可惜的是，我国的统计数据不包含这一部分。因此，将城乡收入比作为替代指标是一个"次优选择"。

从各个变量的变异系数（标准差与均值比）可看出，金融发展水平、开放程度差异最为明显，表明这些因素对收入差距产生的影响较显著；其他各因素的差异程度较低，但各省份间的差异较为明显。

6.2.3 估计方法

考虑到金融发展水平可能受收入分配的影响而产生内生性的问题（Rajan & Zingales，2003），本文拟采用 Blundell 和 Bond（1998）提出来的系统 GMM 估计的动态面板方法。其基本思路是先对估计方程差分，用一组滞后的解释变量作为差分方程中相应的工具变量，结合水平方程，并增加一组滞后的差分变量作为水平方程相应变量的工具。GMM 估计量的一致性依赖于工具变量的有效性。在进行工具变量选择时，采用两项检验：第一项为检验过度识别的 Hansen 检验；第二项检验误差项不是序列相关的假设有效性。如果这两个假设的原假设都没有被拒绝，说明模型选择的工具变量是有效的。

6.3 实证研究及分析

6.3.1 金融发展与收入分配

利用软件 Stata 12.0 来进行实证研究。为了避免伪回归，首先对面板数据的平稳性进行检验。两种单位根检验结果表明所有序列都是平稳的，表明可以假定各解释变量对收入差距的影响只具有地区效应而不考虑时间趋势效应。然后采用协方差分析，通过 F 检验来识别模型。得到的 F 统计量分别为 F2 等于 10.26，F1 等于 5.78，都在 1% 的显著性水平下拒绝原假设。因此，可以把模型设定为变系数模型，这是与事实相符的：对于经济结构差异较大的各地区来说，各解释变量对收入差距的影响显然不同。

　　异方差和序列相关是面板数据回归中最常见的问题，两者的存在违反了古典模型的假定，导致普通最小二乘法（OLS）不能适用，因此需要检验模型的序列相关和异方差。先对模型采用 Wald 统计量进行序列相关检验，计算结果以 1% 的显著水平拒绝了不存在序列相关的原假设。对异方差的检验，首先检验是否存在截面同期相关性。Breusch – Pagan 的 LM 检验结果表明不存在截面同期相关，再采用似然比统计量（Likelihood – ratio）对异方差问题进行检验，得到 LR = 116.31，在 1% 的显著水平下证明了异方差的存在。

　　本文采用 GMM 模型进行实证研究，结果见表 6.2。其中，模型一和模型三分别未考虑 FD 和人均 GDP 的平方项，模型二加入了人均收入水平的二次项，验证是否存在经济发展水平与收入分配的 Kuznets 倒 U 型假说，模型四检验了 Greenwood 和 Jovanovic（1990）提出的金融发展与收入分配的倒 U 型假说。Hansen 检验和 AR（2）检验都不能拒绝原假设，表明工具变量的设定形式有效。

表 6.2　金融发展与收入差距（全样本）：两阶段 System – GMM 估计

变　量	模型一	模型二	模型三	模型四
L. GINI	-0.397^{***} （ -4.92 ）	-0.428^{***} （ -4.52 ）	-0.394^{**} （ -2.29 ）	-0.375^{*} （ -2.06 ）
FD	-0.18^{*} （ -1.93 ）	-0.053^{**} （ -2.21 ）	-1.915^{**} （ -2.35 ）	-0.614^{*} （ -1.92 ）

续表6.2

变量	模型一	模型二	模型三	模型四
FD2				(1.46) −0.133**
人均GDP	−0.09* (−1.90)	0.887 (0.91)	−0.267** (−2.29)	−0.133** (−2.18)
人均GDP2		−0.072 (−0.73)		
EDU	0.121*** (3.17)	0.105** (1.92)	0.135* (2.01)	0.174** (2.06)
OPEN	−0.078*** (−3.69)	−0.032*** (−3.74)	−0.063*** (−2.96)	−0.051 (−1.67)
URB	−0.088** (−2.09)	−0.067 (−1.46)	−0.074* (−1.78)	−0.102* (−1.89)
GOV	−0.104*** (−3.93)	−0.121*** (−3.34)	−0.117*** (−4.51)	−0.176** (−2.80)
INF	0.0042 (1.22)	0.0053 (1.56)	0.009 (1.43)	0.0042 (0.99)
AR（2）a	0.153	0.167	0.126	0.181
Hansen testb	0.953	0.942	0.940	0.936

a 序列相关检验给出了 P 值，原假设为不存在序列相关；L. GINI 表示因变量 GINI 的一阶滞后项。

b Hansen test 为工具变量过度识别约束检验，原假设是工具变量是有效的。

注：括号内为异方差稳健 t 统计量，上标*，**和***分别表示10%，5%和 1%置信水平。截距项和时间虚拟变量被省略。

模型二的回归结果显示人均 GDP 的平方项不显著，表明金融发展的平方项对收入分配的影响不显著。模型四的回归结果显示 FD 的平方项不显著，表明金融发展与收入分配之间的 Kuznets 倒 U 型假说在我国无法得到验证，二者仅表明出负相关关系。

同时，滞后的基尼系数与基尼系数呈显著的负相关关系，表明基尼系数存在条件收敛的过程；从人均 GDP 变量前的系数可看出，经济增长与收入差距呈反向变化关系，只是其影响趋势还比较缓慢。

教育对于拉大收入差距的效果较为明显，因为通常高学历人群收入相对较高，这就是人们常说的"知识改变命运"，这也从另一个侧面反映了教育均等化对于缩小收入差距的重要性。对贫困家庭人力资本的投资长期不足是收入分配差距扩大的根源之一，而国家陆续出台了一系列针对贫困家庭的信贷支持政策，改善了贫困家庭所面临的融资环境，有利于改善贫困家庭的未来的收入状况，减少收入差距。以我国的助学贷款为例。1999 年 8 月国务院办公厅转批并发布的《关于国家助学贷款的管理规定（试行）》为标志，国家助学贷款政策正式在全国实施。2014 年，政府、高校及社会设立的各类政策措施共资助全国普通高等学校学生 4064.25 万人次，资助总金额 716.86 亿元，其中国家助学贷款额达 166.99 亿元，很多"寒门子弟"通过国家助学贷款圆了自己的大学梦。目前，国家助学贷款分为校园地国家助学贷款与生源地信用助学贷款两种模式。助学贷款已成为国家对家庭经济困难学生资助强度最大、资助范围最广的制度安排。

实证研究也表明：经济开放度越高，收入差距越大，这表明竞争性的开放政策和贸易政策在加强市场竞争、激发市场活力的同时，扩大了收入差距；城镇化率提高倾向于缩小收入分配差距，说明城镇化缩小城乡差距的作用抵销了它所带来的城镇居民内部的收入差距；近年来政府的扶持政策开始偏向于向民生领域倾斜，有利于缩小收入差距。

通过四个模型的回归结果可发现，从全国整体来看，近十多年来中国的金融发展显著地减少了收入分配的差距，这个结果与国内以往的研究相反（姚耀军，2005；杨俊等，2006），但与一些跨国研究的结论一致（Clarke et al.，2006；Beck et al.，2007）。

6.3.2 金融发展与贫困

经济理论中用于评价贫困的指数有很多，比如森贫困指数、马丁法、恩格尔系数法、热量支出法、C-H-U贫困指数以及FGT贫困指数等。这些指数有一个共同的弊端，贫困线的确定对贫困指数的准确性起着至关重要的作用，但是其确定多少有些主观。另外，这些指数的计算也比较繁琐。结合各省城镇居民收入统计数据的特点和本章的研究目的，本文参考Beck et al.（2007）的一个简单方法，用收入最低的五分之一人口的收入占总收入的比重来度量相对贫困。各省统计年鉴公布的城镇居民家庭收入数据都是按户统计，采用等距五分法或非等距七分法。采用等距五分法统计的省份，可以直接计算低收入户的收入比重。采用非等距七分法统计的省份，最低收入组加低收入组之和刚好是总户数的五分之一，因此，对于这些省份可以用最低收入组与低收入组的加总收入占总收入的比重来度量相对贫困，可用此指标替代以上分析中的收入差距指标进行实证。

得到的结论与表6.2一致，即金融部门发展更有利于贫困家庭收入水平的提高。以最贫困的五分之一家庭收入占总收入比重表示的相对贫困存在条件收敛的过程，贫困家庭收入比重越高，其收入比重的增长速度越慢。经济发展水平和国有化比率越高，对贫困家庭收入增长越有利。

6.3.3 进一步分析

（一）分区间分析

考虑到2008年金融危机对金融发展可能存在的重大影响，可选择2001-2007年的数据作实证研究以进行比较。以2001-2007年为样本的实证结果如表 6.3 所示。

表 6.3　金融发展与收入差距（2001 - 2007）：两阶段 System - GMM 估计

变　量	模型一	模型二	模型三	模型四
L. GINI	-0.247^{***} （-3.07）	-0.317^{***} （-3.74）	-0.301^{**} （-2.15）	-0.359^{***} （-7.26）
FD	0.06^{*} （1.89）	0.048^{**} （2.13）	0.096^{***} （3.27）	0.137^{**} （1.90）
FD^2				0.241 （0.93）
人均 GDP	0.15^{**} （2.04）	0.649 （0.75）	0.148 （1.76）	-0.128^{**} （-2.13）
人均 GDP^2		-0.103 （-1.35）		
EDU	0.103 （1.79）	0.116^{**} （1.94）	0.144^{***} （3.90）	0.131^{**} （2.02）
OPEN	-0.083^{***} （-4.86）	-0.052^{***} （-4.11）	-0.067^{**} （-2.06）	-0.048 （-1.73）
URB	-0.096^{***} （-3.94）	-0.079 （-1.47）	-0.091^{*} （-1.88）	-0.154^{***} （-4.93）
GOV	-0.097^{**} （-2.03）	-0.150^{***} （-6.71）	-0.127^{***} （-8.75）	-0.117^{**} （-2.09）
INF	0.0033 （1.08）	0.0062 （1.41）	0.0083 （1.62）	0.0095 （0.74）
AR（2）	0.139	0.150	0.119	0.167
Hansen test	0.947	0.933	0.929	0.938

结果表明，在 2001 - 2007 的样本区间内，与之前的研究结论一致，金融发展一定程度上扩大了收入差距。

与国内以往研究结论不同的一个重要原因是样本选择区间的差异，也就是说趋势变化出现在 2008 年后。伴随着近年来我国金融体制改革的深化和金融发展水平的提升，国家陆续出台了一系列针对中低收入家庭和小微企业的信贷支持政策，改善了中低收入人群的融资环境，拓宽了融资渠道，有利于中低收入人群增加就业。更为重要的是，基于移动互联、大数据、云计算的互联网金融对传统的金融模式提出了挑战，金融服务门槛降低，平等、开放、便利的普惠金融体系正在形成，给居民提供了更多的创业投资机遇和缩小收入分配不平等的可能。

（二）分区域分析

中国各地区间在资源禀赋条件、经济结构、发展水平等方面存在较大差异，因此我们可按区域划分来进行实证。

表6.4　东、中、西部区域模型选取的 F 检验和 Hausman 检验

西部	统计量	全国	东部	中部
F_2	4.86	8.54 ***	6.35 **	4.76 *
F_1	3.73	1.92	1.46	1.67
Hausman 统计值		10.37 ***	11.52 **	45.04 ***

注：F_2 原假设表示模型为混合回归模型，F_1 原假设表示模型为变截距模型。

结果表明，各区域的解释变量对收入分配的影响相似，仅表现出截距的差异。将模型设定为变截距模型后，还需确定是选择固定效应模型还是随机效应模型。Hausman 检验结果表明，在1%的显著水平上拒绝了固定效应模型和随机效应模型间没有系统性差异的原假设。因此，应选择固定效应模型。我们采用 GMM 方法分别估计金融发展对收入分配在东、中、西部不同的影响效应。估计结果如表6.5所示：

表6.5　东、中、西部三大区域面板数据的估计结果

变量	东部	中部	西部
L. GINI	− 0.455 *** (− 6.94)	− 0.439 *** (− 5.29)	− 0.354 ** (− 2.37)
FD	− 0.210 *** (− 3.87)	− 0.158 ** (− 2.65)	− 0.132 *** (− 4.79)

续表6.5

变　量	东部	中部	西部
人均GDP	-0.104＊＊ (-1.90)	0.007＊＊＊ (4.55)	0.015＊＊ (-2.37)
EDU	0.132＊＊＊ (4.09)	0.107＊＊ (1.72)	0.068＊＊ (2.31)
OPEN	0.085＊ (4.78)	0.067＊＊ (2.04)	0.051＊＊＊ (3.74)
URB	0.006＊＊ (2.25)	-0.067＊ (1.84)	-0.137＊＊ (2.26)
GOV	0.096＊＊＊ (6.74)	-0.132＊＊＊ (-4.78)	-0.154＊＊＊ (-7.86)
INF	0.0055＊ (1.78)	0.0063 (1.02)	0.0082＊＊ (2.07)
AR（2）	0.153	0.167	0.181
Hansen test	0.953	0.942	0.936

从区域上来看，金融发展均缩小了收入差距，但影响程度存在地区差异。东部地区的金融发展对缩小收入差距的影响程度最大，其次为中部和西部地区。这归因于东部地区的金融宽度和深度明显高于中西部地区，对收入分配差距的贡献度也更大。

三个区域内经济发展水平对收入分配的影响方向是不同的。东部地区的经济发展水平与收入差距是反向关系，而中西部则是同向关系。这说明东部地区的收入差距有缩小的趋势，而中西部地区则有一定的扩大。假设经济发展与收入分配的倒U型曲线存在，则所处的阶段和位置不同，东部处于曲线的右半部分，而中西部则处于左半部分。

教育对收入差距的贡献度在三个地区也存在差异。东部地区教育资源集中，教育水平相对较高，对拉大收入差距作用的效果更加凸显；中部地区教育水平也较高，但是经济发展水平还无法与之匹配，导致高层次人才向沿海甚至国外流失较严重；西部区域由于教育资源有限以及教育投入不足等因素，整体教育水平处于全国相对较低的水平，对收入差距的影响也较小。

区域间的开放程度与收入差距成正向关系。开放程度较高的区域，市场经济相对较完善，它表明出来的"效率"因素更加明显，对拉大收入差距的促进作用更大。

城镇化对收入差距的影响也不同。对于东部区域来说，城镇化会扩大收入差距，同时影响程度较小，这一方面缘于东部较高的城镇化程度，城镇化制度"红利"的效果弱化；另一方面是因为这一区域聚集的高收入产业如金融、电力、电信、供水等产业的垄断程度较高，新市民进入到这些产业的可能性较小。对于中、西部地区来说，城镇化程度较低，它对于缩小收入差距还有较大的潜力可以挖掘。

中、西部的政府财政政策在一定程度上起到了抑制收入分配不平等的作用，但可能是由于这些区域的经济发展相对落后，居民应对不确定性风险的能力较弱，财政支出的社会保障作用得到了体现；然而东部地区的财政扶持政策可能反而会弱化经济的竞争活力，一定程度上抑制了市场机制的充分发挥。

（三）稳健性检验

为了进一步检验面板回归结果的稳健性，可采用城乡收入比作为测度收入差距的替代变量，同时用金融深度指标来替代金融发展指标，用当年贷款总额与固定资本形成额之比来表示[①]。运用动态面板数据的广义矩估计法（GMM/DPD）进行估计。选择全国整体混合数据来考察，使用两种动态面板 GMM 估计，即差分 GMM（DIF -

---

① Liang（2006）采用这一指标研究了 1986 - 2000 年间中国的省级数据，发现随着金融深度的增强，中国的收入不平等程度有下降趋势。参见：Liang Zhicheng, Financial Development and Income Distribution：A System GMM Panel Analysis with Application to Urban China［J］. Journal of Economic Development, 2006, Vol. 31, No. 2, pp. 1 - 21.

GMM）和系统 GMM（SYS – GMM），并以因变量的一阶滞后项
（L. CV）作为工具变量。估计结果见表 6.6。其中，模型五和模型六
是差分 GMM 估计，模型七和模型八是系统 GMM 估计。

表 6.6　金融发展与城乡收入差距：差分 GMM 及系统 GMM 估计

变　量	模型五	模型六	模型七	模型八
L. CV	−0.351*** （−5.67）	−0.418** （−2.19）	−0.386*** （−5.87）	−0.397** （−2.41）
FD	−0.180* （−1.93）	0.863 （1.54）	1.001*** （4.62）	−1.214*** （−3.96）
FD2		−0.39 （−1.68）		
人均 GDP		0.17 （1.46）	−0.115*** （−10.56）	−0.451*** （−6.37）
人均 GDP^2				
EDU	0.205*** （3.94）	0.124** （2.02）	0.204*** （6.42）	0.351** （−2.46）
OPEN	−0.057*** （−4.98）	−0.038*** （−4.06）	−0.055*** （−4.26）	−0.073* （−1.86）
URB	−0.072** （−2.30）	0.071 （1.55）	−0.063** （−2.36）	0.113*** （4.69）
GOV	−0.938*** （−4.56）	−0.134*** （−3.68）	−0.784*** （−4.79）	−0.802*** （−7.15）
INF	0.0084** （2.16）	0.0056 （1.72）	0.0075** （2.47）	0.0135*** （12.34）
AR（2）	0.146	0.167	0.186	0.159
Hansen test	0.952	0.950	0.937	0.942

注：括号内为异方差稳健 t 统计量，上标*，**和***分别表示10%，5%和
1%置信水平。

采用替代变量后，通过表 6.6 我们可发现估计结果在统计上显
著，在方向上保持了一致。表明影响收入差距的主要解释变量金融
发展具有稳健性：金融部门发展可缩小降低收入差距，有利于低收

入家庭收入整体水平的提高。这个结果与表6.2的结论是一致的。

进一步地比较模型五和模型八，可发现模型五中影响收入分配的因素金融发展前的系数为0.180，而代表经济发展水平的另一影响因素实际人均GDP前的系数为0.451。0.180/（0.180＋0.451）＝28.53%，这表明金融发展对低收入阶层的收入增长或者说对缩小收入差距有大约28.53%的贡献度，归因于其收入分配效应，而剩下的71.47%则是由于金融发展的增长效应引致的。

事实上，金融发展刺激金融媒介把更多的资金贷给更好的企业，而非简单的贷款给特定阶层和享有特权的企业，并对传统银行业的间接融资方式提出了挑战。尤其近一两年来互联网金融迅猛发展，加剧了金融脱媒和市场竞争，使银行的垄断地位受到一定程度的威胁，也增强了小微企业及个人投融资的可得性。因此，金融发展改善了资本配置效率并减少了投融资约束，在提高经济发展水平的同时，具有缩小收入差距的分配效应，具有扶贫的效果。

6.4　结论及政策启示

本文运用系统的GMM估计方法对中国的金融发展与收入分配关系进行研究，并对各区域间的差别进行了比较。

研究表明，金融发展对促进我国经济发展、缩小收入差距和扶贫有重要意义。金融发展不仅促进了经济增长，而且改善了现有金融服务的质量，从而提高了金融服务的可获得性。金融服务可获得性的提高，把低收入的贫困人口纳入到正规的金融体系，可以增加灵活就业机会和投资机遇，改善收入分配。此外，金融发展带来的融资环境的改善，可以帮助那些具有才能和创业激情但缺乏资金的人去创业、有强烈愿望改变现状的贫困人口获得资金去从事依托某一产业致富，给予他们更多"逆袭"的机会。

金融发展更有利于提高低收入阶层的收入，从而降低了收入差距。其中，金融发展对缩小收入差距大约有28.53%的贡献度，归因于金融发展的收入分配效应，而剩余的部分则归因于金融发展的增长效应。研究结果并不支持样本区间中国金融发展与收入分配呈倒U型关系的假说。金融发展对收入差距的影响存在地区差异，金融发展对缩小收入差距的影响效应按照东、中、西部依次下降，这也是与东、中、西部金融宽度和深度依次减弱相关的。

显然，本研究也具有以下政策启示：

（1）促进金融发展水平并构建普惠金融体系也是我国缩小收入差距和扶贫的一个突破口。因此，我国应建立和形成多种形式的金融机构并存、分工合理、功能互补、有效竞争的多层次的金融系统，并在防范风险的前提下减少金融干预，进一步鼓励金融组织创新，推动金融产业的健康发展。尤其是对于农村地区，应加强农村金融体系建设，推进多种新型的金融组织参与到农村建设，带动地方特色产业发展，发挥金融扶贫的引导作用。

（2）政府的财政支出应加大向民生领域倾斜的力度。资本的逐利性使金融发展无法完全解决收入分配不公以及贫困问题，因此政府需要加大财政对民生领域的支持力度，尤其是增加对基础设施和对"三农"的投入，建立和完善覆盖城乡的社会保障体系。

（3）应通过金融发展引导教育均等化发展。应推进教育均等化的进程，加大国家助学贷款制度扶持力度，使农村家庭和低收入家庭子女也能享受到优质的教育资源，从而通过教育对人力资本的积累作用来缩小城乡间的收入差距，达到通过人力资本投入扶贫的效果。

第 7 章

中国的金融扶贫实践：以河北省阜平县为例

自 2013 年以来，河北省阜平县开始了金融扶贫工作，在这 3 年间阜平形成了"政府＋金融机构＋企业＋农户"的扶贫模式，扶贫工作取得了不菲的成果。本文将重点介绍阜平的金融扶贫模式以及分析阜平金融扶贫的经验。

7.1 阜平发展现状和难题

1. 地形复杂、耕地较少

在地理状况上，阜平县为全山区县，地形复杂，全县以山地为主，耕地面积较少。根据统计阜平县全县耕地面积仅有 1.5 万公顷，占总面积的 5.8%。阜平山区县的地理特点，造成了阜平的交通不便，使农民所需的生产物资运不进来，生产出来的农副产品运不出去。

2. 贫困人口众多

阜平县具有"三区合一"的特点，既是革命老区，又是太行深山区，同时又是贫困地区。具有贫困范围广，贫困程度深，发展基础弱的特点，全县共有贫困村164个，贫困人口5.66万人，贫困发生率为29.51%，这些贫困人口主要集中于西部边远深山区，脱贫攻坚任务艰巨而繁重。

3. 第二产业和乡镇企业发展缓慢

阜平县的经济以四大产业为主：旅游业、畜牧水产业、矿产建材业和林果业。

受地形、人口技术、市场等因素制约，阜平的产业经济一直处于缓慢发展的状态，大多以个体企业为主，至今为止仍然没有支撑全县经济发展的支柱企业。乡镇企业起步较晚，规模小，盈利能力很弱。

在新的阜平政策实施以前，该县产业开发虽然取得一定成果，但是仍在走保守落后的老路，不能起到为农民增收的效果。近几年，在政策和金融扶贫资金支持下，该县产业正努力向规范化、规模化、集约化发展，努力对接大市场。

4. 缺乏专业的技术人员和管理人员

全县产业人员科技素质及专业水平普遍较低观念陈旧，缺乏专业技术人才，尤其缺乏高素质的企业管理人才和科研人才，创新能力较弱，经济发展的科技贡献率较低，生产生活方式落后，缺乏脱贫的内生动力。而阜平区位和自身禀赋的劣势使阜平县很难吸引人才、留住人才。

阜平山区、老区、贫困区"三区合一"的状况，同时阜平发展过程中所遇到的难题与我国其他贫困县所遇到的困难具有很大的共性，这使得阜平扶贫开发的经验和教训值得深入的研究和思考，对我国其他类似地区的发展也具有一定的参考借鉴的意义。

7.2 "政府＋金融机构＋企业＋农户" 综合扶贫模式的介绍

自 2013 年开始，阜平县进行了"政府＋金融机构＋企业＋农户"四位一体的金融扶贫模式，取得了良好的效果。阜平县脱贫致富的重点是因地制宜发展当地的农业和旅游业，以产业致富为途径，政府服务网络为依托，围绕企业和农户打造"银行、保险、担保"配套金融服务。简单地说，阜平这种扶贫模式可以概括为：保险先行、政府兜底、银行下乡、企业贷款、农户脱贫。"阜平模式"具有以下六个特点：政府建立"县—乡—村"三级金融服务网络，农业保险"联办共保"，扶贫贷款"风险共担"，构建农村信用体系，银行下乡打通了金融扶贫的最后一公里，产业扶贫充当金融和扶贫的桥梁。阜平县"政府＋金融机构＋企业＋农户"的综合扶贫模式可以用图1来具体表示。

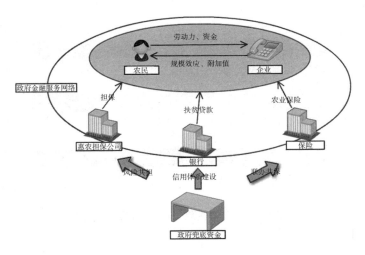

图7.1 阜平金融扶贫模式示意图

7.2.1　政府建立"县—乡—村"三级金融服务网络

这一举措的主要目的是，通过整合现有的行政资源，用较低成本建立一个三级金融服务网络，解决金融进农村信息不对称、人力成本高的难题，打通资金流通动脉。

县级成立县金融工作领导小组和县金融服务中心。县金融工作领导小组由县级领导主管，负责政策研究、协调推动扶贫贷款担保、农业保险和诚信体系建设等工作。县金融服务中心协调 10 名全额事业编制，负责全县金融扶贫管理服务工作，指导乡镇金融部开展贷款和保险等业务。

乡镇一级成立金融工作部，依托乡财政所，主要负责进行政策宣传培训、审核项目信息、开展各项业务等。

村级成立工作室，负责具体开展宣传、核实、监督、信息采集等业务。

阜平县"县—乡—村"三级金融服务网络可以用框架图简单地表示如下：

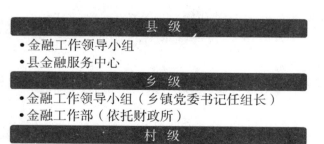

图 7.2　阜平县三级金融服务网络示意图

7.2.2 农业保险"联办共保"

发展农村，首要的是大力发展当地农业副产业，而农业发展受气候、疫病、市场的影响较大，相比其他产业风险更大。阜平的实际情况和全国各地农村扶贫的经验表明，"农业保险"是金融进农村的一个突破口。

但是农业保险对于保险公司来说风险较大，利润较低，通常来说保险公司不愿意提供价格优惠的农业保险。而农民由于缺乏风险意识，以及缺乏必备的信息渠道，也通常不会去购买保险。这样一旦遇到灾害性天气，或者其他不可控因素，农民很可能"因灾致贫"。

阜平的"联办共保"的模式解决了上述问题。政府与人保财险公司采取"联办共保"模式，保险理赔五五分担，而且财政补贴保费60%，提高了农户参保积极性，降低了农业贷款风险。2015年全年共办理农业保险451单，覆盖176个村4.27万户，保费1090.63万元，保险金额11.43亿元。全年理赔金额1483万元，共涉及116个村2.01万户。同时，县政府筹资148万元，为全县所有农户办理农户平安综合保险。县政府一次性注资3000万元设立保险基金，并转入每年的保费结余，扩大了保险基金规模，提高了防灾能力。

"联办共保"的机制主要有以下两个方面的特色：第一，对阜平主要农产平实现全覆盖，包括目前规模数量较大的种养产品和将来要重点打造的产品。目前已经开发了大枣、核桃、肉牛、肉羊等17个保险产品。第二，每个被保产品都实现三个险种的全覆盖。灾害险，对自然灾害及疾病、疫病造成的损失进行保险；产品质量责任险，对因产品质量问题造成的损失进行保险；成本损失险，对因市场价格波动给农户和企业生产成本造成的损失进行保险。该保险为全额保险。

7.2.3 惠农担保、贷款"风险共担"

阜平为了进一步化解金融贷款的风险，鼓励银行贷款给当地的农户，阜平县构建惠农担保体系，并于2013年1月成立了惠农担保公司。惠农担保公司和6家商业银行取得合作，达成协议，如果发生坏账由政府百分之百代偿，银行的积极性被彻底调动。同时为了提高审批效率，降低农户负担，惠农担保公司形成了村推荐、乡初审、县惠农担保公司和银行联合审查的流程，保证扶贫贷款能够在1个月内获得担保并且发放。在收费上，担保公司为企业进行担保需要收取1.5%的保费，而对农户担保无需担保费，这也体现了县担保公司的公益性和非盈利性。

在担保公司成立之后，银行的风险被转移到政府层面，银行避免了因为信息不对称所造成的损失，更加积极的贷款给农户和企业。而对于政府来说，政府可以通过"村舍理性"、构建农村信用体系网络等一系列的机制来内部化这个风险，这一点我们将在后文详细地介绍。

7.2.4 构建农村信用体系

信用体系的建设是金融扶贫工作中非常重要的一环。银行、信用机构在放贷给农户以及当地企业的过程中面临着信息不对称的问题，这些金融机构评估贷款项目的时候，很难全面的了解这个贷款项目的可行性、盈利性与风险性，他们对于申请贷款者的人品、信用等各方面的资料缺乏信息。因此，这些金融机构为了规避风险，常常会采取提高贷款的门槛，减少可贷资金等手段。而由于农业具有回报周期长、利润低等特点，一些良性、可持续的项目往往很难申请到银行贷款，而一些风险大、赌博式的项目以及信用不佳、人品不好的申请者更加倾向于去申请贷款。这样就形成了一个劣币驱逐良币的恶性循环，良性、可持续的农村金融体系建设也无从谈起。阜平县通过利用村舍理性和推进农村信用体系网络的建设解决了这些问题。

1. 村舍理性在农村信用体系建设中发挥重要作用

在农村生产和经济活动领域，经济规模小的主体通过合作行动，会使总产出增加。而在社会治理领域的村舍理性主要体现在中国的乡村治理中间存在着血缘、地缘关系，产生完全信息，多次博弈和有效监督的机制，使得村舍组织能够将外部性内部化，来实现村舍内部基本秩序的建立和公共物品的供给。而阜平正是通过政府鼓励、引导的方式来最大化利用广泛存在于中国农村的"村社理性"。

银行、信用机构在放贷给农民以及当地企业的过程当中面临着信息不对称的问题，因为在这些金融机构评估贷款项目的时候，很难全面的了解这个贷款项目的可行性盈利性与风险性，他们对于申请贷款者的人品、信用等各方面的资料缺乏信息。因此，这些金融机构为了规避风险，常常会采取提高贷款的门槛，减少可贷资金等手段。而由于农业具有回报周期长、利润低等特点，一些良性、可持续的项目往往很难申请到银行贷款，而一些风险大、赌博式的项目以及信用不佳、人品不好的申请者更加倾向于去申请贷款。这样就形成了一个劣币驱逐良币的恶性循环，良性、可持续的农村金融体系建设也无从谈起。

在乡村治理当中，村舍理性可以破解这个恶性循环。在乡村治理当中，血缘、地缘等关系扮演着非常重要的作用，很多村庄的村民都属于一个大的宗族，相互之间有着千丝万缕的联系，他们在日常的生产生活中，相互之间知根知底。秦晖曾经说过：国权不下县，县下惟宗族，宗族皆自治，自治靠伦理，伦理造乡绅。比如说我们调研走访的顾家台村，全村有超过 70% 的人口都姓顾，相互之间关系紧密。

阜平县在金融扶贫的过程当中，充分利用了普遍存在于中国农村当中的村舍理性的现象，利用农户之间的多重博弈、有效制约和监督机制，尽可能的避免了政府以及银行等金融机构和农户之间的信息不对称。首先，阜平县鼓励农户进行"三户联保"，这个政策是说三户农民在无反担保的情况下，可以免反担保、免抵押，每户获得不超过五万元的贷款。三户或三户以上居民自愿组建联保小组，联保户之间互相连带担保，对任何一户的不良信用行为负连带责任，每户贷款授信额度相同，鼓励经济背景、经营状态、还款实力相当的农户联保。在这个联保协议的框架之内，农户具有互帮互助的责任和义务，在其他农户因资金紧张不能偿还银行的本金或利息的时候，应短期拆借帮助其渡过难关。如果联保户当中有任何一户未能及时偿还银行本息，其他户作为担保人有法定义务帮其偿还银行债务。此外，联保户中任何一户的不良信用记录，其他户会被同样记录在案。简单地说，三户联保这样的机制，利用村舍理性，增大了农户内部的组织租，不仅促使其互帮互助、分享经验，同时也通过农户内部的制约和监督机制有效地降低了交易成本，减少了信息不对称。

2. 推进农村信用体系网络建设

阜平县目前正在推进全县的农村信用体系建设，以期给银行的贷款、担保提供更多的信息和数据，一些具有违法违纪行为，如赌博、吸毒、群体性事件的农户很难评上信用户，他们很难获得银行的贷款。但是众所周知，全县 20 多万人口的信息采集是一个耗时、耗力的系统工程，而且在采集信息的同时由于工作人员对于实际情况的不了解会面临着瞒报、漏报等问题。阜平县改以往的被动搜集为主动填报，这不仅减少了信息搜集的工作量，同时有效地减少了信息采集中瞒报、漏报的现象。有融资意向的农户向县金融工作办公室索取申报表，按要求填写个人的信用资料，并且提供相关的资信证明，在有融资需求的时候，申报者需要经过村委会的审批盖章。在这里村委会的领导扮演了秦晖所说的"乡绅"的角色，他们通常对于村民的日常行为、嗜好有着较深的了解，同时中国农村是一个以血缘、地缘关系为依托的熟人社会，村民们对于彼此的人品、性格、经历都比较熟悉。因此村民的信用造假在村一级会面临着较大的风险，他们会更愿意填写真实的信息。

同时阜平县坚持激励和惩戒相结合，他们通过构建守信激励机制和失信约束机制来营造良好的农村信用环境。守信激励机制是指若贷款即时归还则可提高今后的贷款额度，以此来激励贷款人按时还款。失信约束机制是对不按时或者拒不偿还贷款的农民进行惩罚，同时对 1996 - 2012 年所有的贷款进行集中清理。这两个机制树立了"信用也是财产"的社会共识，提升社会信用管理水平，优化金融生态环境。

7.2.5　银行下乡打通了金融扶贫的最后一公里

由于农业具有风险高，回报低等特性，而农民往往缺少资本、缺少抵押物，为了追求利润最大化和规避潜在的风险，很多传统的金融机构不愿意给单个农户提供便捷、优质的贷款服务。许多银行纷纷从农村地区，从贫困地区撤离，这造成了农村地区金融市场严重的供求不均衡。阜平县采用了保险下乡，政府成立的担保公司为百姓贷款提供担保，建设完善的信用体系网络这三道措施为商业银行放贷提供担保，而有了这三道保险托底，商业银行纷纷下乡，为广大农户提供更优质的金融服务。

以顾家台村、骆驼湾村为例，现在已经有北京银行和保定银行两家银行开设网点，为农户提供优质、便捷的金融服务。这两家网点同时辐射周边乡镇，打通了金融下乡的"最后一公里"。他们不仅为当地的农户提供基础的存贷款服务，而且提供形式多样的理财产品。这大大提高了农户闲散资金的利用程度，使农户闲置的钱能够被利用起来，有助于完成资本在农村的原始积累。同时，银行等金融机构下乡能够普及农民的金融知识，避免骗局。

7. 2. 6　产业扶贫充当金融和扶贫的桥梁

金融和扶贫历来就是相悖的话题，资本从来都是逐利的，其所追求的是利润的最大化；而扶贫是公益的行为，它的目标是保障整个社会的公平正义。由于资本具有与生俱来的逐利的特性，而穷人则因为缺少抵押物、缺乏良好的盈利前景以及社会关系网络，很难从金融机构获得贷款，出于规避风险和盈利的考虑，这些金融机构更加倾向于选择和富人进行合作。因此，金融扶贫、资本下乡如果没有合适的途径、合适的渠道，穷人的利益反而会受到损失，会加剧农村中富户和穷困户之间的贫富差距。同时众所周知，由于社会关系网络的相对匮乏，穷人相对于富户缺少投资的渠道，即使农民能够获得金融机构的资金，他们也常常缺乏渠道去投资、利用这笔资金，类似于这种缺乏产业扶贫的金融扶贫模式很难持续，是输血而非造血。

阜平县在金融扶贫的实践当中选择了产业扶贫作为金融和扶贫之间的桥梁，来解决金融和扶贫的内在的冲突。阜平县通过制度设计解决了这些可能产生的问题，将农户和企业的利益捆绑在一起，共同盈利、共同致富。

在产业规划上，阜平首先立足"一村一品、一乡一业、片状区域发展"的原则，进一步优化"四大片区"产业布局，实施科学发展，优先对产出高效、技术成熟、市场稳定的优势产业进行大力扶持。在具体产业政策的实施上，与直接放贷给企业这种模式不同，阜平县在放贷给企业的同时也放贷给农民，鼓励农民把其所获得的扶贫贷款投向当地从事这些行业的企业，同时通过贴息等措施鼓励企业雇佣这些农民作为产业工人。这种模式尽管看上去增加了放贷过程中的中间成本，但增加了农民在和企业博弈当中的话语权。这样农民在这些企业中既可以通过资本方式拿到投资给企业的分红，又可以获得自己的劳动收益，农民在企业的生产过程当中既是"老板"又是"长工"，大大调动了他们的积极性，同时还能使他们获得这些大型企业在经验、技术上的扶持，从而实现规模效应。这大大降低了金融扶贫的风险，提高了农民的收入和生产效率。这种"企业带农户，大户带小户，能人带贫困户"的产业扶贫模式疏通了扶贫开发的金融血脉，既保证了资本的逐利性，又保证了金融下乡当中的公益性，可以有效地使当地的穷困户富裕起来，缩小贫富差距。

7.3 "政府＋金融机构＋企业＋农户"的典型案例分析

本次通过阜平县嘉鑫种植有限公司（以下简称"嘉鑫公司"）的案例来进一步介绍第二节中提到的"阜平模式"的五个特点，以期更加详细、具体地体现"政府＋金融机构＋企业＋农户"四位一体的金融扶贫模式。

嘉鑫公司在阜平县天生桥镇建立了食用菌产业核心园区基地，

其通过政府的产业政策扶持通过土地流转目前发展到 6300 亩土地，建有食用菌暖棚 78 个，冷棚 217 个，投资超过 3 亿元，通过直接和间接的方式带动数千名贫困农户。同时，嘉鑫公司打出了自己的食用菌品牌"老乡菇"，目前已经取得了良好的经济绩效。

　　但是在创建之初，嘉鑫公司面临着不小的困难，具体来说可以分成以下三点：第一，食用菌产业具有初期投资大、行业季节性波动明显的特点，初始资金问题是食用菌公司最大的问题之一，一旦面临流动资金短缺的困境，前期的投资很可能付诸东流。第二，食用菌产业的发展中比如说大棚中温控设施、灭菌装置的安装需要大量的资本和技术，而大棚的管理，食用菌的采摘则需要大量的劳动力，简而言之，资本技术和劳动力是制约嘉鑫公司发展的两大难题。第三，食用菌行业竞争较大，如果农户单打独斗很难形成规模效应，和分销商的议价权较低，很难形成自己的品牌从而赚取附加值。阜平县和嘉鑫公司通过"政府 + 金融机构 + 企业 + 农户"的四位一体的"阜平模式"逐步破解了这些难题。

　　嘉鑫公司通过类似于农业合作社的方式解决了这些问题，并且带动附近农户发家致富，形成了"企业带农户，大户带小户，能人带贫困户"的产业扶贫模式。嘉鑫公司主要负责固定成本的投资比如说修建厂房、专业化大棚等基础设施，引进生产食用菌所必需的灭菌器等技术设备和专业人才。而当地的农户则在政府贴息等优惠政策的引导下通过政府担保公司的担保从银行、信用社获取小额贷款来购买食用菌木材，提供生产过程中所需要的可变成本，从而解决了企业现金流紧张的问题。同时当地的农户在政府的引导和补助之下购买了农业保险，当遇到严重的自然灾害的时候，由保险公司为农户、企业和银行兜底，规避了农业生产过程中的风险。在食用菌生产出来之后，嘉鑫公司依据市场价格制定合理的收购价格将其全部收购，解决了农户的后顾之忧，使其可以在公司委派技术人员的指导下进行专业化生产。

这种在政府刻意引导下的类似于合作社的模式从表面上看增加了食用菌生产中的交易成本，但是却通过给农户提供直接贷款提升了农户在与企业博弈当中的地位。农户变成了企业的"主人"，能够更加积极地参与到企业的生产活动中来。此外农户还可以依托企业这个平台获得技术的支持，从而实现专业化、集约化的生产。他们可以实现规模效应，降低了生产过程当中的成本，在与分销商谈判的过程当中他们可以获得更多的议价权。这些当地百姓的收入来源主要可以分成3个部分：土地流转过程当中的租金收益、借贷给企业资金的分红收益、劳动力收益。而如果没有阜平县当地政府金融扶贫、产业扶贫的举措，当地农户很难获得生产食用菌的初始资金，很难获得土地流转收益，农户单打独斗会使其在与分销商议价的过程处于完全劣势的地位，附加值被严重压缩。

而对于企业来说，嘉鑫公司通过这种模式获得了稳定的劳动力，同时解决了流动资金短缺的问题。同时其打通了上游的生产和下游的包装、深加工等环节，打出了自己的品牌："老乡菇"解决了阜平农产品品牌知名度较低的问题，获得了更多的附加值。

7.4　"政府＋金融机构＋企业＋农户" 综合扶贫模式的效果

阜平县"政府＋金融机构＋企业＋农户"的金融扶贫模式，有效地解决了农村地区因为信息不完善，经济主体抵押担保品不足的障碍，以政府为主导利用多种机制找到了"三农"经济发展与农村金融支持的结合点，既增加了农户的信贷投入，又通过保险、政府担保公司和信用体系网络等多道机制有效防范信贷风险，取得了良好的社会和经济效益。

1. 金融扶贫激发了发展的内生动力。

随着阜平县金融保险工作的全面铺开，群众坚定了脱贫致富的信心，在全县每个乡村，农民都自觉了解金融保险和产业发展的各项政策，自信心大大增强，从"要我富"变成"我要富"，已掀起了"依靠金融扶贫、实现致富梦想"的全民创业大潮。许多农户依托互联网金融和阜平县金融扶贫模式的资金支持，在淘宝等平台做起了微商，将原本滞销的农产品远销全国各地，大大提高了收入水平。截至目前，全县共贷前征信6800多户，贷款覆盖农户5094户，新增农业企业100余个，产业投入新增4亿元以上。

2. 农业保险兜住了经营底线，降低贷款风险。

农业保险为农民的生产经营兜住了底线，2015年在大枣受到雷雨大风自然灾害时得到了赔偿，目前大枣产业理赔2589户726.77万元，户均理赔2807元；核桃在自然灾害和价格偏低情况下理赔1808户114.34万元，肉牛肉羊理赔1096户164.3万元。及时高效的保险理赔打消了农民生产、借贷的后顾之忧，农业保险为扶贫贷款打通了"一条路"。截止到目前，586户农户用农业保险保单质押贷款达4083万元。

3. 金融扶贫提高了产业扶贫精准性。

阜平对全县农户进行建档立卡，确定为"贫困户、基本脱贫户、稳定脱贫户"三类，结合建档立卡情况建立了金融扶贫台账，按照"发展产业扶持一批"支持具有劳动致富能力的农户。目前，已发放贷款3663户2.78亿元。

金融扶贫促进了现代农业发展。根据各乡镇实际情况，着眼于

"一村一品、一乡一业"，坚持政府引导、市场运作、企业带动、科技引领、金融扶持、规模发展，对"龙头＋基地＋农户"进行重点扶持，既避免了贷款风险又发展了现代农业。目前全县已重点培育了食用菌、中药材、林果业、养殖业龙头企业 30 家，带动农户 3400多户。初步形成了企业带农户、能人带贫困户的产业扶贫新模式。充分利用金融资金的引导作用促进了种养业的规模发展和科学发展。天生桥镇南栗元铺村的 1500 亩食用菌种植示范园，带动农户 1000户以上，预计户均增收 4 万元以上。阜平金融扶贫示范县创建工作已得到了各界媒体的关注，2015 年 8 月 21 日、2015 年 12 月 29 日《金融时报》、《人民日报》头版刊发了专门介绍阜平金融扶贫工作的文章。

7.5　对阜平金融扶贫模式潜在问题的思考

不可否认阜平的金融扶贫模式取得了显著成效，而政府在扶贫的过程当中起到了主导性的作用，市场在阜平的金融扶贫实践当中参与较少。就目前来看，在阜平的扶贫模式当中，民间的金融机构没有积极地参与进来，金融创新的动力和活力没有得到最大可能的发挥。

Artus（1995）等在对经合组织的 21 个成员国的实证研究当中发现，金融行业的集中度会负面的影响一个国家的经济增长。多元化的金融机构能够增加市场竞争，能够提供更加优质、多样性的服务。但是在阜平金融机构的多样性和活力还远远不够，目前进驻阜平的金融机构大多是国有机构，金融理财产品、贷款方案目前来说比较单一。坦率地说，目前阜平的金融扶贫大多数都是政策主导，如果缺乏政府这些优惠政策的支持，阜平的金融扶贫模式是否依然可以持续？

我们认为，为了培养金融扶贫的可持续性，为了给金融扶贫提供内生动力，同时为了降低政府的成本，减轻政府机构的负担，阜平县的金融扶贫模式可以在政府主导的前提之下引入更多的市场因素。阜平县需要厘清政府与市场的边界，在政府的引导下，充分发挥市场对于资源配置的决定性作用。对于金融扶贫，阜平县既需要在政府的职能边界内要有所作为，以期弥补市场缺陷，避免市场危机，但是在职能边界之外需要给市场更大的空间。

同时根据经济增长的索罗模型和内生增长模型，资本和劳动力都不能够长久的支持经济增长，而经济增长的真正动力源自于技术的进步。因此阜平要想使金融扶贫具有可持续性，具有内生动力需要加大对于技术投入的力度。需要使金融阜平能够吸引更多的人才流入，需要在金融扶贫的同时实现技术扶贫，需要进一步的投资基础教育，支持职业教育的发展。

农村互联网金融的发展可以给阜平的金融扶贫模式提供有益的补充。具体来说农村互联网金融发展可以解决以下几个难题：第一，由于缺乏完整的信用记录，征信困难，很难识别守信者与失信者。而农村互联网金融可以利用其大数据的优势，清晰的了解农户的历史信用记录和资金情况。第二，因为农村金融机构面向分散、弱小的主体，提供服务的交易成本较高，单笔借贷数目小并且分散，传统的银行很难管理。而农村互联网金融可以很便捷地解决这个问题，比如说中信银行通过中国农校对接服务网等运营商和平台，给农户提供融资和电子商务服务。再比如说，在2013年河南众品股份有限公司进行了"鲜易供应链"的有益尝试，取得了比较好的成效。同时，众品公司创建自"鲜易网"作为其自有电商平台，为客户提供便捷、高效的一站式服务，改变了传统从而颠覆了传统的冷链运输模式。此外，众品集团还基于其自有电商平台为客户提供"电子商务、供应链集成优化、生鲜产品及农产品的深加工、中高端冷链产品展示交易、供应链金融"等增值服务。

第8章

政策建议和展望

8.1 公共政策选择——提高金融服务的可得性

金融发展不仅表现为金融体系规模的增加、结构的演进和金融体系资本配置效率的提高，还表现为金融服务可获得性的提高，对于贫困家庭和小型企业尤其重要。为贫困者提供正规的金融服务，为其教育投资和创业融资，改善他们的经济机会，从而减少了贫困和缩小了收入分配差距。

不管一国金融体系如何发达，信贷质量的信息不对称、抵押品的缺乏以及小额信贷相对较高的交易成本，都会限制贫困人口和中小型企业的进入。世界各国金融服务的可获得性存在很大差异，即使是在发达国家，提高金融服务的可获得性仍然是一个充满挑战的事情。信息不对称和协调集体行动导致的市场失灵意味着，仅仅依靠市场是远远不够的；政府对于构建一个包容性的金融体系，提高金融服务的可获得性，尤其对于提高贫困家庭和中小企业的可获得性，起着重要作用。整体来说，政府可以通过长期的制度建设，改善金融体系运行的宏观经济环境和信用环境；实施扶持性的措施，对民间资本和外资扩大市场准入，并提高金融体系的竞争程度，从而改变对微观主体的激励和提高金融服务的可获得性；政府直接干预市场的作用还受到广泛质疑，需谨慎制定政府的直接干预政策①。

8.1.1 改善法律和信息基础

金融机构和市场为广泛的客户提供服务的能力高度依赖于宏观经济状况以及合约和信息基础设施建设状况。宏观经济不稳定是阻碍有效跨期合约的一个重要因素。对宏观经济和金融不稳定的恐惧增强了对未来的不确定性，也阻碍了提高金融服务可得性的金融创新。

改善金融机构运行整体商业环境的制度对提高金融服务可得性非常重要，尤其是其中的法律和信息制度建设。制度对金融发展具有稳定预期的作用，然而制度建设通常是一个长期的努力，因此政府要发挥关键作用。比如政府可以提供信用信息、质押权和产权登记；界定公司、金融实体和其他金融市场参与者权利和义务的立法，也是政府提供的金融基础设施。尤其是对于中国这样的转型国家来说，建立信用登记等信息基础比改善贷款者和投资者权力要容易得多，通过改善信息基础可以在短期内提高金融服务的可获得性。

1. 信用登记制度

信用登记使得借款者能够显示自己良好的信用记录。如果借款

---

① 参见：World bank, Building Institutions for Markets, Washington D. C.：World Bank, 2002；World Bank, Finance for All？Policies and Pitfalls in Expanding Access, Policy Research Report, Washington D. C.：World Bank, 2007；周立. 中国各地区金融发展与经济增长（1978 – 2000）. 北京：清华大学出版社，2004：255 – 299。

人可以使用信誉（信用记录）向不知道其个人信息的贷款人作为担保的话，就可以进一步扩大信贷的可得性。一个精确的信用登记体系会加强借款人的还款责任，通过提供可靠的信息，登记制度可增加那些较少得到金融服务的部门和群体获得贷款的机会。

许多信用登记是由信用报告机构经营的。通过获取信息机会的均等化，信用报告机构扩大了债权人范围，加强了他们之间的竞争，降低了金融产品的价格。然而，在位金融机构可能对共享信息不感兴趣，因为这会增加来自外部的竞争压力，降低特许权价值。因此，政府可以通过立法，或通过对持牌中介机构的管制来强制信息的共享。

我国的征信业起步较晚，为加快推进我国社会信用体系建设，应以信贷征信体系建设为重点，全面推进社会信用体系建设。我国应借鉴一些国家的成功经验，对消费者个人信用信息的采集和公布应采取相对审慎的原则。同时，由于功能完善的信用数据库是建立社会信用体系必备的基础设施，因此一方面要鼓励信用中介机构注重自身信用数据库建设，另一方面政府有关部门要建立行业或部门的数据库；促进信用中介机构的建立与规范发展；进一步健全证券业、保险业及外汇管理的信用管理系统，加强金融部门的协调和合作，逐步建立金融业统一征信平台，促进金融业信用信息整合和共享，稳步推进我国金融业信用体系建设；政府应对信用行业进行相应的管理和监督。

对于农村来说，加强农村信用制度建设，强化广大农户的信用观念，建立健全守信激励机制和失信惩罚机制，对守信镇村、农户同等条件下实行手续简化、客户放宽等措施，带动更多农户遵守信用，提升农村信用环境。

2. 完善担保法

对于贫困家庭和小企业来说，获得信贷服务最大的障碍是缺乏抵押品，并且不能以未来收入作为抵押。因此，政府可以通过建立信用登记制度，提高小额借款人信息的可得性；也可以通过完善担保法，使得借贷双方权责清晰，促进更多的人获得金融服务。

贷款人接受抵押物的意愿取决于能否执行，在违约时能否扣押和迅速卖出以弥补信贷资金缺口的预期。收回抵押品的困难可能会导致贷款利率上升，以反映对借款人的放贷风险，减少金融服务的可获得性。法律必须灵活到让借款人可以用其资产进行抵押。例如在我国，广大农民最值钱的资产就是土地，土地明显是一个可抵押的资产。但是物权法规定，耕地、宅基地、自留地、自留山等集体所有的土地使用权不能抵押。为加强创业政策扶持，2008 年山东省政府出台规定，对农民工返乡创业的，农村金融服务机构要放宽贷款条件，降低贷款抵（质）押标准，创业人员的房屋产权、土地使用权、机器设备、大件耐用消费品和有价证券以及注册商标、发明专利等均可作为抵（质）押品。我国应该允许农村宅基地使用权和土地承包经营权可以抵押，允许农民通过评估，使农村宅基地使用权和土地承包经营权转变为流动资产，以获得抵押贷款搞经营。可逐步建立区域性土地用益权场内交易市场和衍生品交易市场，向农业龙头企业和一般投资者转让，推动土地的集约化开发利用，提高农户的土地收益。

因此，政策制定者为扩大信贷资金的可得性，应该：第一，要摸清贫困人群资产的状况和底数。即使是非常贫困的人，一般也有可用作抵押的不动产，如家居、金银首饰及待出售的存货等。并可以将可抵押资产的选择范围扩大到动产，如汽车、机器、农用设备和家畜等；第二，弄清楚现有法律框架如何支持他们将其用作抵押资产。这会使贫困人口依靠其现有货物或现有财产，就可以申请抵押贷款；第三，利用公共登记宣布优先受偿权，使贷款人建立起对抵押物的索偿权。

8.1.2 促进竞争和金融稳定的政策

竞争增加了歧视的成本，减少了工资和就业歧视，更有利于穷人（Becker，1957）。金融部门竞争加剧，利率市场化进程加快，使得银行传统业务受到竞争威胁，特许权价值下降。为获得新的利润空间，银行会进入以前不愿意涉足的市场，开展对贫困家庭和小型企业的金融服务，提高金融服务的可得性。自由进入政策、金融产品定价的透明度、强制性的信用信息共享以及新技术在金融部门的利用能加强金融市场的竞争。基于因特网和通信网络的互联网金融服务，突破了地理限制和政府管制，使金融机构能以更低的成本，向贫困地区或是偏远地区提供金融服务。

逐步对外资银行开放和其他金融业态国内金融市场。外资银行的进入会带来竞争压力，从而促进效率、创新和监管的加强。因此，放松外资银行进入限制会提高金融服务的质量，促进经济增长，减少金融脆弱性。互联网金融的发展使得金融交易可以便利地向小企业和个人提供，减少了物理性进入壁垒。政府在提升金融监管水平的同时，保护和鼓励金融创新。

提高金融服务可得性的竞争也能导致银行特许权价值的减少，激励银行类金融机构的非谨慎借贷行为，因此需要有合适的监管框架来减少成本高昂的银行经营失败的风险。系统性的金融危机通常导致信贷紧缩，对贫困人群的打击更大，因为他们无法承担这种损失。因此，在某种意义上，金融稳定目标与提高金融服务可得性是一致的。审慎监管是金融稳定安全网的一个重要组成部分，对资本充足率、信贷资产分类、利率规定及中止、关联借贷的限制等，都是审慎监管的核心内容。政策制定者在制订合适的监管框架时应权衡减少银行经营失败的风险和损害弱势群体获得金融服务的机会。

另外，要限制滥用向贫困人口贷款的政策。审慎性政策不仅对银行和整个经济重要，也对借款者非常重要。对贫困人口的贷款，不是越多越好。他们过度负债反而会损害其福利。借款者需要被保护，以免被滥用信贷、欺骗、敲诈，或掠夺，但是这并不容易。尽管保护弱势群体，避免不理智的借贷行为和贫困人口的过度负债，一直被认为是一个合适的公共政策问题，但是，即使在发达国家也没有普遍认同的政策。

8.1.3 政府直接干预政策

政府不仅可以通过改善制度基础，为金融的运行提供一个有利的法律、信用、竞争和安全的环境，还可以通过直接干预，以提高金融服务的可得性。政府通常采取征税和补贴的方式直接干预金融服务的供给，尤其是小额贷款的补贴。贫困人口获得信贷服务面临两个主要障碍，缺乏抵押品和单笔交易成本过高。小额贷款机构尝试着用创新性方式来克服这些问题。比如，联合信贷计划通过同伴压力的监督，改善了还款激励。在过去的几十年间，小额信贷机构已经为数百万个客户提供了信贷服务，并且其偿还率非常高。

对小额信贷最具争议的问题之一是政府补贴。尽管联合信贷计划和其他技术被用来克服向贫困人口提供金融服务的障碍，但是高还款率并不意味着利润。总体而言，大部分小额信贷部门，尤其是为最贫困的人提供服务的部门，仍然严重依赖于捐赠和补贴，为最贫困的人提供金融服务很难盈利。研究表明，盈利性和为贫困人群提供金融服务是一个两难选择。如果为贫困人群提供服务是非盈利的，需要政府补贴，那么通过小额信贷的补贴是否是最好的方式？这需要把通过金融部门补贴的成本和收益与其他部门，比如教育和基础设施，进行比较。因此，政府在补贴小额信贷机构时要非常谨慎，需严格分析其成本和收益，并与其他补贴方式作比较。

政府的干预政策并不意味着用政府来替代市场，而应该要将二者有机结合。例如，邮政储蓄银行和村镇银行就是为低收入群体提供储蓄服务和涉农服务的供给者。其中，地理上分布广阔的邮政局及其机构网络是为偏远地区提供基本支付和储蓄服务的最好选择，兼顾了政策性和经济性。

8.2　综合性推进各项政策——加强政策的匹配度

第一，加强金融发展与经济基础的匹配度。金融部门发展是有成本的，比如实物资本和人力资本从实际部门转移到金融部门，因此金融发展的增长效应是非线性的。如果金融发展不足，金融业因发展滞后而难以提供实体经济发展所需的金融服务。如果实物资本和人力资本过量流入金融领域导致金融发展过度，实体经济发展将因资本供给不足而萎缩。同时，过量资金流入金融领域，将导致资产价格膨胀、甚至泡沫化。因此，在未来的金融改革与发展中，把握好金融总量增长与经济增长之间的关系极为重要，既要保持金融总量的适度稳定增长，又要避免经济发展中的过度虚拟化和泡沫化，控制金融风险，维护金融稳定。

第二，加强各类政府政策间的配套性。除了金融政策之外，其他相关政策，包括研发政策、人力资本投资政策、产业政策以及引资政策等对金融促进增长作用的发挥也是至关重要的。早期的内生增长模型仅仅强调单一的增长因素，如 Romer（1990）认为经济增长源泉来自于研发活动，因而政府应该对私人研发进行补贴。Lucas（1988）则认为人力资本积累是推动经济增长的关键动力，因此政府应该加大教育投资和人力资本培训。本书理论模型则把这些因素纳入到一个模型中，进一步扩展了其政策含义：如果经济增长是由研发投入、技术外溢、人力资本以及金融发展这些要素共同推进的，则最优增长目标往往要求上述政策的配套组合。如果政府政策目标仅仅在于技术扶持与创新激励方面，或是研发所依赖的外部融资环境的改善，则技术进步将受到相对落后的金融体系的束缚。经济增长往往是由诸多因素而非哪一类单一因素所推动的，因此成功的经济增长实践取决于这些经济政策的配套效果。这一结果提醒我们，在制订经济政策时必须要全面权衡、协调各类政策的相互作用，否则容易陷入单一政策导向带来的政策误区。

8.3 多种机制的有机结合——提高扶贫的可持续性

政府在扶贫中处于主导地位，其地位无可替代，但要建立健全的扶贫系统，仅仅靠政府的行政力量推动是无法实现的。因此，扶贫开发战略及其运行应当逐步从单纯依靠政府和行政组织向政府机制、社会机制与市场机制有机结合的方向转变，完善反贫困治理结构，提高扶贫效率。

第一，要划清政府与市场在扶贫过程中的职能边界。政府在扶贫中应发挥立法、倡导、组织、动员、协调、评价、激励及监管等功能，政府的扶贫开发资金的目标定位于社会效益优先，兼顾经济效益；市场主要解决资源配置的功能，使扶贫的资金效率最大化。

第二，社会组织和经济组织参与扶贫开发不应只考虑短期内的政治动员和行政激励，而应建立长效机制，允许相应组织采取社会行为和企业行为参与扶贫开发，使贫困地区的政策优势与社会、经济组织的资本、技术和生产经营等优势结合起来，用经济效益作为纽带在社会经济组织与贫困群体间建立起合作关系。政府通过政策引导、优惠措施等吸引发达地区的资本、技术参与到贫困地区的开发建设中来，从而使政府机制追求社会效益最大化与市场机制追求经济效益最大化找到结合点，形成可持续的良性互动的扶贫机制。

第三，发挥龙头企业的带动作用。金融扶贫的本质是通过金融带动产业的发展，贫困人口参与到产业发展中，形成生态链，达到扶贫的效果。对于农村的贫困地区来说，农业现代化是农业发展的必由之路，是市场经济条件下农业产业化的必然选择，而农业产业化经营成功的关键在于培养、发展、壮大一批龙头企业。扶优扶强龙头企业的重点是扶持一批市场开拓能力强、发展势头好、带动能力强的优势企业，形成所有制形式多样、功能互补的产业化组合，形成"金融＋产业＋扶贫"的良性扶贫模式。

附：对阜平县委书记郝国赤的访谈

Q：郝书记好，我们是中国人民大学的暑期调研团队，受中国人民大学国家发展与战略研究院资助来到阜平进行金融扶贫的调研。

郝书记：胡教授好，同学们好。欢迎你们来到阜平，对我县的金融扶贫工作提出指导意见。

Q：我们了解到阜平是扶贫开发重点县，同时是革命老区，请把阜平的基本情况简要介绍一下。

郝书记：阜平地处保定市西部，总面积 2496 平方公里，辖 6 镇 7 乡 1 个社管会，209 个行政村，1208 个自然村，人口 22.8 万。县情主要特点是"三区合一"。一是太行深山区。阜平为全山区县，山场面积 326 万亩，占总面积的 87%；耕地面积仅 21.9 万亩，人均 0.96 亩。二是革命老区。阜平 1925 年建党，1931 年建立北方第一个红色苏维埃县政权，1937 年建立全国第一个敌后抗日根据地——晋察冀抗日根据地，抗日战争时期，2 万多人参军参战，5000 余人光荣牺牲。阜平长期是晋察冀边区党政军首脑机关所在地，毛泽东、周恩来、聂荣臻等老一辈无产阶级革命家都曾在阜平战斗生活过。三是贫困地区。阜平是国家级贫困县，是"燕山—太行山片区区域发展与扶贫攻坚试点"。阜平贫困范围广，贫困程度深，发展基础弱，全县贫困村 164 个；贫困人口 5.66 万人，贫困发生率为 29.51%，脱贫攻坚任务艰巨而繁重。

Q：根据我们来之前所查阅的资料，阜平县在金融扶贫方面做得非常好，我们这次来想主要了解一下阜平最具创新特色的金融扶贫这一块内容。阜平是全省的"金融扶贫示范县"，能介绍一下创建的背景吗？

郝书记：阜平县在财政、金融支持脱贫攻坚方面所遇到的问题。总的来说，可以概括为三点：血源不足、血脉不通、血流不广。"血源不足"是指全县财政收入不足 3 亿元，县级财政的收入只能保证全县基本工作的开展，对于扶贫攻坚和经济发展的支持非常有限。同时阜平的扶贫专项资金只有 1 亿元左右，单靠资金来引导农民发家致富的作用比较小。此外，全县的经济基础差，缺乏工业基础，社会资本和农民自有资金投入比较小。"血脉不通"是指全县金融服务的网点少，农民的金融意识差，金融知识匮乏。由于信息不对称的存在，金融支持三农的成本高、风险大，收益不稳定，金融机构不愿意下乡、下村，这也客观上造成了农民贷款难、贷款贵的问题。"血流不广"是指信贷总量不足，存贷比低，银行是以吸储为主，贷款投放不足。金融支持覆盖面窄，对农村发展致富产业支持不够。金融产品单一，不能满足农村多层次的金融产品需求，支持县域经济金融产品不够丰富。正因为存在这些困难，我们才要有所突破，用创新金融服务的方法破解资金瓶颈，助力产业扶贫。

Q：阜平县是采取哪些措施，来克服这些客观的不足，从而打通农村金融扶贫的血脉的？

郝书记：我们在借鉴江苏"联办共保"模式，内蒙古"金融扶贫富民工程"模式，甘肃"双联惠农"贷款模式之后，开展我们阜平县的金融扶贫工作，主要从以下几个方面着手：

第一，坚持从顶层设计入手，为金融扶贫提供全面的政策指导。经省委、省政府批准，省金融办研究出台了《关于支持阜平创建金融扶贫示范县的实施意见》，省成立了省金融办牵头，省财政厅、省扶贫办、人民银行石家庄中心支行、河北银监局、河北证监局、河北保监局、保定市政府等有关方面参加的支持阜平创建金融扶贫示范县协调工作小组，召开多次协调会议，多方面多层次对创建工作建言献策。省金融办主要领导五次入阜调研，并专门委派一名副主任带队组成指导小组，长期驻阜开展工作，将阜平县金融办确定为省金融办直管单位，为金融扶贫示范县的创建提供了全面的政策指导。

第二，建成县乡村三级金融服务网络，为金融扶贫奠定了坚实的组织保障。县级成立了县长挂帅的金融工作领导小组，组建了县金融服务中心，并将县惠农担保公司归入金融服务中心监管；乡级成立了由乡镇党委书记任组长的金融工作领导小组，依托财政所成立金融工作部；村级成立了由村支书或村主任负责的金融工作室；建成了覆盖全县 13 个乡镇、209 个行政村的金融服务网络。

第三，构建农业保险和扶贫贷款担保体系，打通了金融进农村的"最后一公里"。阜平把农业保险作为金融进农村的突破口，立足于实现农业保险在险种上覆盖全县主要种养业品类，在参保面上覆盖绝大多数种养业群众，构建架构合理、品类齐全、运行规范、保障有力的农业保险全覆盖体系。在保监会的支持下，首创了"大枣、核桃、肉牛、肉羊"成本价格损失保险（获得全国农业保险创新奖），保险责任为自然灾害、疫病和由于市场价格波动造成的成本损失，为农业发展兜住了经营风险。政府与人保财险公司采取"联办共保"模式，保险理赔五五分担，而且财政补贴保费60%，提高了农户参保积极性，降低了农业贷款风险。2015 年全年共办理农业保险 451 单，覆盖 176 个村 4.27 万户，保费 1090.63 万元，保险金额 11.43 亿元。全年理赔金额 1483 万元，共涉及 116 个村 2.01 万户。同时，县政府筹资 148 万元，为全县所有农户办理农户平安综合保险。县政府一次性注资 3000 万元设立保险基金，并转入每年的保费结余，扩大了保险基金规模，提高了防灾能力。

为推进扶贫贷款担保工作，成立了注册资本 1.5 亿元的惠农担保公司，已与农行、邮储银行、农联社、保定银行合作，按 1∶5 的比例投放惠农担保贷款，建立了"村推荐、乡初审、县惠农担保公司和银行联合审查"的工作流程。截至目前，全县共发放担保扶贫贷款 5.6 亿元，其中农户 4695 户 3.85 亿元，企业 57 家 1.75 亿元。

阜平还有一些创新性的金融产品，农业银行把阜平作为扶贫联系点，开发了"金穗脱贫贷、金穗小康贷"新产品，农户扶贫贷款执行基准利率。中国人民保险在阜平推出了"政融保"产品，能够提供 10 万元 – 1000 万元的融资支持，覆盖范围包括农户和涉农企业，有效支持农民生产和农业产业的发展，保险资金直达农户，大大降低了融资成本。

第四，拓宽融资渠道支持县域发展。

目前，我县春利牧业、亿林枣业、阜彩蔬菜等四家企业已在石交所挂牌上市，有效拓宽了融资渠道。县政府与农发行签订了 128 亿元合作信贷协议，目前农发行已贷款 6600 万元用于县城二次管网项目。注入阜裕公司股权投资 1500 万元。阜东棚户区改造、回迁房建设项目贷款 5.3 亿元，已发放 2 亿元。县政府与国开行合作争取到了 8000 万贷款，用于县城棚改项目。与保定银行合作贷款 5 亿元用于山区综合开发项目。

第五，优化金融生态环境。坚持激励和惩戒相结合，营造良好的农村信用环境。一是建立农村诚信体系，通过"边采集、边办理"

的方式采集农户信息，逐步建立农户电子信用信息档案，与石家庄新龙科技有限公司签订了平台开发协议，通过"云平台"实现金融部门和社会管理部门的信息共享。二是建立守信激励和失信惩戒机制。采取多种措施促使农户诚信经营，树立"信用也是财产"的社会共识，严厉打击骗保、骗贷及恶意违约行为，提升社会信用管理水平，优化金融生态环境。

经过两年来的探索实践，我们通过建立县乡村三级金融服务网络，解决了金融部门和农户信息不对称的问题，降低了金融经营成本，提高了金融服务能力和服务水平；通过创建"联办共保"和"风险共担"两个机制，使广大农民经营有了保险，创业有了贷款；通过拓宽融资渠道，为县域发展提供了金融支撑；通过建立信用体系，打击恶意违约，优化了金融生态环境。金融扶贫让广大农民创业有了贷款、经营有了保险、服务有了网络、信用成为财产，有力的助推了全县脱贫攻坚进程。

Q：我们对农村信用体系这一点非常感兴趣，农村是金融的一块洼地，而形成这一块洼地的原因是因为农村居民缺少担保物，同时信用体系不健全，导致了农户和银行之间的信息不对称。我们非常想知道阜平是通过什么样的手段来解决这个难题的？

郝书记：我们这边所采用的手段主要有两条，第一个，我们鼓励农户进行"三户联保"，这个政策是说三户农民在无反担保的情况下，可以免反担保、免抵押，每户获得不超过十万元的贷款。三户或三户以上农民自愿组建联保小组，联保户之间互相连带担保。因为农户与农户之间相互了解最多，可以有效地避免信息不对称的问题，农户通常会选择和那些人品好、守信用的人进行联保，有了这样的机制就可以把银行所面临的风险降低。第二个，我们推进农村信用体系网络的建设，改以往被动搜集的模式为主动申报，有融资意向的农户先按要求据实填写个人的各项资料，并且提供相关的资信证明，建立农户的电子信用信息档案。

Q：我们注意到您刚才特意强调了阜平在推进农村信用体系网络的建设中改被动搜集为主动申报这样的模式，您能否详细介绍一下这个模式，这样的模式与传统的模式有何不同，有何优势？

郝书记：信息的采集如果由政府来做这项工作耗时耗力，工作量会非常大，同时还会面临采集信息不准确等问题。而我们阜平采取的主动申报的模式，也就是"边采集边办理"，这样大大减少了我们的工作量，提升了农户信息的准确度。

Q：根据我们之前所看的一些资料，很多地区很多国家的农村金融扶贫的实践是以失败而告终，他们失败的原因根据一些学者的总结是因为在金融和扶贫之间缺乏有效的介质，我们想知道，阜平有没有考虑过这个问题，金融扶贫在阜平县是通过何种介质来发挥它的作用的呢？

郝书记：我们在开展金融扶贫工作之初也考虑过这个问题，借鉴了很多地方成功和失败的经验。我们认为，金融扶贫的核心在于产业，用产业发展作为金融资源和扶贫工作之间的桥梁，既要遵循金融本身的规律实现商业可持续，又要注重扶贫这个总目标。通过政府引导和扶持等方式因地制宜发展一批产业，然后利用这些产业的带动作用来带动农民致富。这些产业发展起来之后，农民从银行获得的贷款有地方可以投，企业也解决了现金流的问题，我们的扶贫工作也不是简简单单的输血，而是具有造血功能了。

Q：那郝书记能否给我们介绍一下阜平的产业扶贫的具体的政策是什么，有什么具体的规划？

郝书记：在产业规划上，我们依据阜平不同乡镇的区位优势立足"一村一品、一乡一业、区域发展"的原则，优化"四大片区"产业布局，实施科学发展，优先对产出高效、技术成熟、市场稳定的优势产业进行大力扶持。在具体产业政策的实施上，与直接放贷给企业这种模式不同，阜平县在放贷给企业的同时也放贷给农民，鼓励农民把其所获得的扶贫贷款投向当地从事这些行业的企业，同时通过贴息等措施鼓励企业雇佣这些农民作为产业工人。这样的一个模式使企业能够充分发挥它们的带动作用，带动农民脱贫致富。

Q：到目前为止，阜平的金融扶贫工作已经开展了两年多的时间了，有什么具体的成效？

郝书记：金融扶贫激发了群众自我发展的内生动力。随着金融保险工作的全面铺开，群众坚定了脱贫致富的信心，在全县每个乡村，农民都自觉了解金融保险和产业发展的各项政策，自信心大大增强，从"要我富"变成"我要富"，已掀起了"依靠金融扶贫、实现致富梦想"的全民创业大潮。

金融扶贫提高了产业扶贫精准性。阜平对全县农户进行建档立卡，确定为"贫困户、基本脱贫户、稳定脱贫户"三类，结合建档立卡情况建立了金融扶贫台账，按照"发展产业扶持一批"支持具有劳动致富能力的农户。

金融扶贫促进了现代农业发展。根据各乡镇实际情况，着眼于"一村一品、一乡一业"，坚持政府引导、市场运作、企业带动、科技引领、金融扶持、规模发展，对"龙头＋基地＋农户"进行重点扶持，既避免了贷款风险又发展了现代农业。目前全县已重点培育了食用菌、中药材、林果业、养殖业龙头企业50多家，带动农户3400多户。初步形成了企业带农户、能人带贫困户的产业扶贫新模式。

Q：经过两年的创新与实践，您有什么需要总结的经验或者一些体会？

郝书记：第一，金融进农村对贫困地区来说是个普遍性难题。对于金融机构来说，存在着成本高、风险大的问题；对于农民来说，存在着贷款难、贷款贵的问题。要破解这一难题，必须要找准症结，打开金融资本下乡的通道，打破农村和金融之间的"坚冰"。

第二，金融进农村必须金融机构与政府合作才能实现。单靠金融机构自己，单靠政府自己都是不行的，必须由金融机构和政府合作才能进入。金融机构同政府部门合作，可以借助政府部门在乡村两级的工作力量，在开展保险理赔、贷款审核等业务时降低工作成本和风险、提高工作效率。同时，金融进入农村可以带来无限的商机和融资便利，能够有效活跃和发展当地经济，实现政府部门、金融机构、农民"多赢"的局面。阜平县与人保财险公司联办共保，与银行风险共担，取得了扎实成效。

第三，金融进农村把保险作为突破口是不错的选择。结合本地实际，开发适合农民需求的农业保险品种，形成农业保险全覆盖，有效降低农业产业风险，解除农民的后顾之忧。有了保险的兜底，不仅可以充分调动农民发展产业的积极性，利用保单抵押贷款进行扩大再生产，而且可以降低银行放贷的风险，实现保险业务与银行业务在农村地区互相促进、互利共赢。

第四，金融扶贫是促进农村经济发展的综合性抓手。开展金融扶贫，可以利用有限的财政资金，撬动金融资本和社会资金，有效破解制约脱贫攻坚的资金瓶颈；可以实现金融与产业、服务与需求、资金与农户的精准对接，提高了扶贫的精准度；可以转变全县人民的思想观念，让群众的心思全用在创业干事上，促进了全县的和谐稳定。

Q：谢谢郝书记的详尽解答。

郝国赤，现任阜平县委书记，1962 年生，河北高碑店人，毕业于吉林大学中文系，研究生学历，曾任省纪委干部、定兴县委副书记、徐水县县长、保定市发改局局长、保定市政府秘书长。

参考文献

[1] Acemoglu D, P. Aghion, and F. Zilibotti. Distance to Frontier, Selection, and Economic Growth. NBER Working Paper, 2003, No. 9066

[2] Acemoglu D. , and Zilibotti F. Was Prometheus Unbound by Chance? Risk, Diversification, and Growth. Journal of Political Economy, 1997, 105: 709 – 751

[3] Acemoglu D. , S. Johnson and J. A. Robinson. The Colonial Origins of Comparative Development: An Empirical Investigation. American Economic Review, 2001, 91: 1369 – 1401

[4] Acemoglu, Daron, and Simon Johnson. Unbundling Institutions. Journal of Political Economy, 2005, 113: 949 – 995

[5] Aghion P and P. Bolton. A Theory of Trickle – Down Growth and Development. Review of Economic Studies, 1997, 64: 151 – 172

[6] Aghion P, Angeletos G. M. , Banerjee, A and Manova K. Volatility and Growth: Credit Constraints and Productivity – Enhancing Investment. NBER Working Paper, 2005, No. 11349

[7] Alfaro L, Chanda A. , Kalemli – Ozcan S. and Sayek S. FDI and Economic Growth: The Role of Local Markets. *Journal of International Economics*, 2004, 64: 113 – 134

[8] Allen F. and Gale D. Financial Markets, Intermediaries, and Intertemporal Smoothing. *Journal of Financial Intermediation*, 1997, 8: 68 – 89

[9] Allen F. The Market for Information and the Origin of Financial Intermediar-

ies. *Journal of Financial Intermediation*, 1990, 1: 179 – 209

[10] Al – Yousif, Y. K. Financial development and economic growth: another look at the evidence form developing countries. *Review of Financial Economics*, 2002, 11: 131 – 150

[11] Amable B. , Chatelain J. B. and De Brand O. Optimal Capacity in the Banking Sector and Economic Growth. *Journal of Banking and Finance*, 2002, 26: 491 – 517

[12] Arellano M. and Bond S. Some tests of specification for panel data: Monto Carlo evidence and an application to employment equations. *Review of Economic Studies*, 1991, 58: 277 – 297

[13] Arellano M. and Bover O. Another look at the instrumental – variable estimation of error – components models. *Journal of Econometrics*, 1995, 68: 29 – 52

[14] Asli Demirguc – Kunt and Ross Levine. Finance and Inequality: Theory and Evidence. NBER Working Paper, 2009, No. 15275

[15] Atkinson T. Bring Income Distribution in from the Cold [J] . *Economic Journal*, 1997, 107: 297 – 321.

[16] Ayyagari, Meghana, A Demirguc – Kunt and V. Maksimovic. Firm Innovation in Emerging Markets: The Roles of Governance and Finance. World Bank Policy Research Working Paper, 2007, No. 4157

[17] Baland Jean – Marie and James A. Robinson. Is Child Labor Inefficient? Journal of Political Economy, 2000, 108: 663 – 679

[18] Banerjee A V. and E Duflo. Do Firms Want to Borrow More? Testing Credit Constraints Using a Directed Lending Program [J] . *Review of Economic Studies*, 2014, 81 (2): 572 – 607.

[19] Banerjee A. V. and A. F. Newman. Occupational Choice and the Progress of Development. *Journal of Political Economy*, 1993, 101: 274 – 298

[20] Barro R. J. and Lee J. International measures of schooling years and schooling quality. American Economic Review, 1996, 86: 218 – 223

[21] Beck T, A Demirguc – Kunt and R Levine. Finance, Inequality, and The Poor. *Journal of Economic Growth*, 2007, 12: 27 – 49

[22] Beck T, A Demirguc – Kunt, M. S. Peria. Reaching Out: Access to and Use

of Banking Services across Countries. *Journal of Financial Economics*, 2007, 85: 234 – 266

[23] Beck T. The Econometrics of Finance and Growth. The World Bank, Working Paper, 2008, No. 4608

[24] Beck T. , A. Demirguc – Kunt and R Levine. A New Database on Financial Development and Structure. *World Bank Economic Review*, 2000, 14: 597 – 605

[25] Beck T. , Asli Demirguc – Kunt and R Levine. Bank Supervision and Corruption in Lending. *Journal of Monetary Economics* 2006, 53: 2131 – 2163

[26] Beck T. , Asli Demirguc – Kunt, Luc Laeven and R Levine. Finance, Firm Size, and Growth. *Journal of Money*, *Credit and Banking*, 2008, 40: 1379 – 1405

[27] Beck T. , Demirguc – Kunt A. , and Maksimovic V. Financial and Legal Constraints to Firm Growth: Does Firm Size Matter. *Journal of Finance*, 2005, 60: 137 – 177

[28] Beck T. , R Levine and A Levkov. Big Bad Banks? The Impact of U. S. Branch Deregulation in Income Distribution. World Bank Policy Research Working Ppaer, 2007, No. 4330

[29] Becker S. , and Niger Tomes. Human Capital and the Rise and Fall of Families. *Journal of Labor Economics*, 1986, (4): 1 – 39

[30] Beegle K. , R. Dehejia and R. Gatti. Child Labor and Agricultural Shocks. *Journal of Development Economics*, 2006, 81: 80 – 96

[31] Bencivenga V R. , B. D. Smith and R. M. Starr. Transactions Costs, Technological Choice, and Endogenous Growth. *Journal of Economic Theory*, 1995, 67: 53 – 177

[32] Bencivenga V R. and B. D. Smith. Financial Intermediation and Endogenous Growth. *Review of Economic Studies*, 1991, 58: 195 – 209

[33] Bencivenga V R. and B. D. Smith. Some Consequences of Credit Rationing in an Endogenous Growth Model. *Journal of Economic Dynamics and Control*, 1993, 17: 97 – 122

[34] Bernanke Ben and Gertler Mark. Financial Fragility and Economic Performance. *Quarterly Journal of Economics*, 1990, 105: 87 – 114

[35] Black S E. and P Strahan. Entrepreneurship and Bank Credit Availability. *The Journal of Finance*, 2002, 57: 2807 – 2833

［36］ Blundell R. W. and Bond S. R. Initial Conditions and Moment Restrictions in Dynamic Panel Data Models. *Journal of Econometrics*, 1998, 87: 115 – 143

［37］ Boyd J. H. and B. D. Smith. Intermediation and the Equilibrium Allocation of Investment Capital: Implications for Economic Development. *Journal of Monetary Economics*, 1994, 30: 409 – 432

［38］ Boyd, J. H. and E. C. Prescott. Financial Intermediary – Coalitions. *Economics Theory*, 1986, 38: 211 – 232

［39］ Burgess Robin and Rohinde Pande. Can Rural Banks Reduce Poverty? Evidence from the Indian Social Banking Experiment. *American Economic Review*, 2005, 95: 780 – 795

［40］ Chou Y. K. , and Chin M. S. Financial Innovations and Technological Innovations as Twin Engines of Economic Growth. Working paper of Department of Economics, University of Melbourne, 2004

［41］ Christopoulos D. K. and E. G. Tsionas. Financial Development and Economic Growth: Evidence from Panel Unit Root and Cointegration Tests. *Journal of Development Economics*, 2004, 73: 55 – 74

［42］ Claessens S. , and Perotti E. Finance and Inequality: Channels and Evidence. *Journal of Comparative Economics*, 2007, 35: 748 – 773

［43］ Claessens S. , and Perotti E. Finance and Inequality: Channels and Evidence. *Journal of Comparative Economics*, 2007, 35: 748 – 773.

［44］ Clarke G. , Xu Lixin Colin, Zou Heng – fu. Finance and Income Inequality: What Do the Data Tell Us. Southern Economic Journal, 2006, 72: 578 – 596

［45］ Coe D. , Helpman E. International R & D Spillovers. *European Economic Review*, 1995, 39: 859 – 887

［46］ Da Rin M, and Hellmann T. Banks runs, deposit insurance, and liquidity. *Journal of Financial Intermediation*, 2002, 11: 366 – 397

［47］ De Gregorio. Borrowing Constraints, Human Capital Accumulation, and Growth. *Journal of Monetary Economics*, 1996, 37: 49 – 71

［48］ Dehejia R. and A. Lleras – Muney. Why Does Financial Development Matter?

The United States from 1900 to 1940. NBER Working Paper No. 9551, 2003

[49] Dehejia R. H. and R. Gatti. Child Labor: The Role of Financial Development and Income Variability across Countries. *Economic Development and Cultural Change*, 2005, 53: 913 – 932

[50] Deidda L. , and Fattou B. Non – linearity Between Finance and Growth. *Economics Letters*, 2002, 74: 339 – 345

[51] Dekle R and K Kletzer. Deposit Insurance, Regulatory Forbearance and Economic Growth: Implications for the Japanese Banking Crisis. UC Santa Cruz Economics Working Paper, 2004

[52] Demirguc – Kunt A. , and Maksimovic V. Law, Finance, and Firm Growth. *Journal of Finance*, 1998, 53: 2107 – 2137

[53] Demirguc – Kunt A. , R Levine. Financial Structure and Economic Growth: A Cross – country Comparison of Banks, Markets, and Development, Cambridge: MIT, 2001

[54] Demirguc – Kunt Asli and Levine Ross. Finance and inequality: Theory and Evidence [R], NBER Working Paper, No. 15275, 2007.

[55] Demirguc – Kunt Asli, Levine Ross. Finance and inequality: theory and evidence. NBER Working Paper, 2009, No. 15275

[56] Deveraux M. B. and Smith G. W. International risk sharing and economic growth. *International Economic Review*, 1994, 35: 535 – 560

[57] Diamond D W. and P H Dybvig. Bank Runs, Deposit Insurance, and Liquidity. *Journal of Political Economy*, 1983, 91: 401 – 419

[58] Diamond D W. Financial Intermediation and Delegated Monitoring. *Review of Economic Study*, 1984, 51: 393 – 414

[59] Djankov S. , C McLiesh and A Shleifer. Private Credit in 129 Countries. *Journal of Financial Economics*, 2007, 84: 299 – 329

[60] Easterly W and R Levine. Tropics, Germs, and Crops: How Endowments Influence Economic Development. *Journal of Monetary Economics*, 2003, 50: 3 – 39

[61] Easterly W. , and Fischer S. Inflation and the Poor. *Journal of Money, Credit and Banking*, 2001, 33: 160 – 178

［62］ Eaton J. and Kortum S. Trade in Ideas: Patenting and Productivity in the OECD. *Journal of International Economics*, 1996, 40: 251 – 278

［63］ Edmonds E. Does Illiquidity Alter Child Labor and Schooling Decisions? Evidence from Household Responses to Anticipated Cash Transfers in South Africa. NBER Working Paper, 2004, No. 10265

［64］ Engerman S. L. and K. L. Sokoloff. Factor Endowments, Institutions, and Differential Paths of Growth Among New World Economies: A View from Economic Historians of the United States. In: *How Latin America Fell Behind*, Ed: S. Haber, Stanford, CA: Stanford University Press, 1997

［65］ Favara G. An Empirical Reassessment of the Relationship Between Finance and Growth. IMF Working Paper, 2003, 03/123

［66］ Foster A. Prices, Credit Markets, and Child Growth in Low – Income Rural Areas. *Economic Journal*, 1995, 105: 551 – 570

［67］ Frankel, M. The Production Function in Allocation and Growth: A Synthesis. *American Economic Review*, 1962, 55: 296 – 319

［68］ Fuente L. , and Marin M. Innovation, Bank Monitoring, and Endogenous Financial Development. *Journal of Monetary Economics*, 1996, 38: 269 – 301

［69］ Galor O, and D. Tsiddon. Technological Progress, Mobility, and Economic Growth. *American Economic Review*, 1997, 87: 363 – 382

［70］ Galor O, and Zeira J. Income Distribution and Macroeconomics ［J］ . *Review of Economic Studies*, 1993, 60 (1): 34 – 52.

［71］ Galor O. and Moav O. From Physical to Human Capital Accumulation: Inequality and the Process of Development. *Review of Economic Studies* ［J］, 2004, 71 (4): 1001 – 1026.

［72］ Gertler P. , D. Levine and E Moretti. Do Microfinance Programs Help Families Insure Consumption against Illness? UC Berkeley Center for International and Development Economics Research Working Paper, 2003, No. 1045

［73］ Gine X, and R. Townsend. Evaluation of Financial Liberalization: A General Equilibrium Model with Constrained Occupation Choice. *Journal of Development Economics*,

2004，74：269 – 307

［74］ Graff M. Is There An Optimum Level of Financial Activity? ETH Zurich in Its Series Working Papers，2005，No. 05 – 106

［75］ Graff M，George Kenwood，Alan Lougheed. Growth of the International Economy 1820 – 2015 ［M］，2013，Routledge.

［76］ Greenwood J and B Jovanovic. Financial Development，Growth，and the Distribution of Income ［J］ . *Journal of Political Economy*，1990，98：1076 – 1107.

［77］ Greenwood J and B Smith. Financial Markets in Development，and the Development of Financial Markets ［J］ . *Journal of Economic Dynamics and Control*，1996，21：145 – 181

［78］ Gregorio，J. ，and Guidotti，P. E. Financial development and economic growth. *World Development*，1995，23：433 – 448

［79］ Grossman G，and E. Helpman. *Innovation and Growth in the Global Economy*. Cambridge：MIT Press，1991

［80］ Hermes N. ，Lensink R. Foreign Direct Investment，Financial Development and Economic Growth. *The Journal of Development Studies*，2003，40：142 – 163

［81］ Holmstrom B，and Tirole J. Financial Intermediation，Loanable Funds，and the Real Sector. *Quarterly Journal of Economics*，1997，112：663 – 691

［82］ Holmstrom B，J. Tirole. Market Liquidity and Performance Monitoring. *Journal of Political Economy*，1993，101：678 – 709

［83］ Honohan P. Measuring Microfinance Access：Building on Existing Cross – Country Data. Policy Research Working Paper 3606，World Bank，Washington D. C. 2005

［84］ Jacoby H G. Borrowing Constraints and Progress through School：Evidence from Peru. *Review of Economic Studies*，1994，76：151 – 160

［85］ Jacoby H. G. and Emmanuel Skoufias. Risk，Financial Markets，and Human Capital in a Developing Country. *Review of Economic Studies*，1997，64：311 – 335

［86］ Jayaratne J and P. E. Strahan. The Finance – Growth Nexus：Evidence from Bank Branch Deregulation. *Quarterly Journal of Economics*，1996，111：639 – 670

［87］ Jensen M and K Murphy. Performance Pay and Top Management Incen-

tives. Journal of Political Economy, 1990, 98: 225 – 263

［88］Jeong H and Townsend R. Sources of TFP Growth: Occupational Choice and Financing Deepening. *Economic Theory*, 2007, 32: 179 – 221

［89］Jerzmanowski M., and Nabar M.. Financial Development and Wage Inequality: Theory and Evidence. MPRA Paper 1, 2007, No. 984

［90］Karlan D., and Zinman J. Expanding Credit Access: Using Randomized Supply Decisions to Estimate the Impacts. Mimeo, Yale University, 2007

［91］Kerr W. and R. Nanda. Democratizing Entry: Banking Deregulations, Financing Constraints, and Entrepreneurship. Center for Economic Studies U. S. Census Bureau Working Paper, 2007, 07 – 33

［92］Kindleberger C. P. *A Financial History of Western Europe*. New York: Oxford University Press, 1993

［93］King Robert G. and Ross Levine. Finance and Growth: Schumpeter Might Be Right? ［J］. *Quarterly Journal of Economics*, 1993, 108, 717 – 738.

［94］King Robert G. and Ross Levine. Finance, Entrepreneurship, and Growth: Theory and Evidence. *Journal of Monetary Economics*, 1993, 32: 513 – 542

［95］Klapper L., L. Laeven and R Rajan. Entry Regulation as a Barrier to Entrepreneurship. *Journal of Financial Economics*, 2006, 82: 591 – 629

［96］La Porta R., Lopez – de – Silanes F., Shleifer A. and Vishny R. W. Law and Finance. *Journal of Political Economy*, 1998, 106: 1113 – 1155

［97］La Porta R., Lopez – de – Silanes F., Shleifer A. and Vishny R. W. The Quality of Government. *Journal of Law, Economics, and Organization*, 1999, 15: 222 – 279

［98］Lee J. Financial Development and Economic Growth: Views and Agenda. *Journal of Economic Literature*, 1996, 35: 688 – 726

［99］Levine R and S. Zervos. Stock Markets, Banks, and Economic Growth. *American Economic Review*, 1998, 88: 537 – 558

［100］Levine R, A Levkov and Y Rubinstein. Racial Discrimination and Competition. NBER Working Paper, 2008, No. 14273

［101］Levine R. Financial Development and Economic Growth: Views and Agenda. *Journal of economic Literature*, 1997, 35: 688 – 726

［102］Levine R. Law, Finance, and Economic Growth. *Journal of Financial Intermediation*, 1999, 8: 36 – 67

［103］Levine R. Stock Markets, Growth, and Tax Policy. *Journal of Finance*, 1991, 46: 1445 – 1465

［104］Levine R. The Legal Environment, Banks, and Long – Run Economic Growth. *Journal of Money, Credit, and Banking*, 1998, 30: 596 – 613

［105］Levine R. , Loayza N. and Beck T. Financial Intermediation and Growth: Causality and Causes, *Journal of Monetary Economics*, 2000, 46: 31 – 77

［106］Li Hongyi, Lyn Squire and Heng – fu Zou. Explaining International and Intertemporal Variations in Income Inequality. *Economic Journal*, 1998, 108: 26 – 43

［107］Loayza N. V. , Ranciere R. Financial Development, Financial Fragility, and Growth. *Journal of Money, Credit and Banking*, 2006, 38: 1051 – 1076

［108］Love I. Financial Development and Financing Constraints: International Evidence From The Structural Investment Model. *Review of Financial Studies*, 2003, 16: 765 – 791

［109］Matsuyama K. Credit Traps and Credit Cycles. *American Economic Review*, 2007, 91: 503 – 516

［110］Maurer, N. and Haber, S. *Institutional Change and Economic Growth: Banks, Financial Markets, and Mexican Industrialization* ［M］, Stanford, California: Stanford University Press, 2002.

［111］McKenzie D. and Woodruff C. Do Entry Costs Provide an Empirical Basis for Poverty Traps? Evidence from Mexican Microenterprises ［J］. *Economic Development and Cultural Change*, 2006, 55 (3): 3 – 42.

［112］Mckinnon Ronald. Money and Capital in Economic Development. Washington: Brookings Institution, 1973

［113］Neusser K. and M. Kugler. Manufacturing Growth and Financial Development: Evidence from OECD Countries. *Review of Economics and Statistics*, 1998, 80: 636 – 646

[114] Obstfeld M. Risk – taking, global diversification, and growth. *American Economic Review*, 1994, 84: 1310 – 1329

[115] Pagano, M. Financial markets and growth: an overview. *European Economic Review*, 1993, 32: 613 – 622

[116] Piketty T. Theories of Persistent Inequality and Intergenerational Mobility. In: *Handbook of Income Distribution*, Ed: Anthony Barnes Atkinson and Francois Bourguignon, Amsterdam: Elsevier, 2000

[117] Rajan R. G., and Zingales L. Financial Development and Growth. *American Economic Review*, 1998, 88: 559 – 586

[118] Rajan, Raghuram G., and Luigi Zingales. *Saving Capitalism from the Capitalists* [M]. New York: Crown Business, 2003.

[119] Ray Ranjan. Child Labor, Child Schooling, and Their Interaction with Adult Labor: Empirical Evidence for Peru and Pakistan [J]. *World Bank Economic Review*, 2000, 14: 347 – 367.

[120] Rioja F. and Neven V. Finance and the sources of growth at various stages of conomic development. *Economic Inquiry*, 2004, 42: 127 – 140

[121] Rivera – Batiz., Romer P. Economic Integration and Endogenous Growth. *Quarterly Journal of Economics*, 1991, 106: 531 – 555

[122] Romer P. Endogenous Technological Change. *Journal of Political Economy*, 1990, 98: 71 – 102

[123] Roodman D. How to do xtabond2: an introduction to "Difference" and "System" GMM in stata. Working Paper103, Center for Global Development, Washington, 2006

[124] Ross Levine. Finance and Growth: Theory and Evidence. NBER Working Paper, 2004, No. 10766

[125] Rousseau P. and Wachtel P. Equity Markets and Growth: Cross Country Evidence on Timing and Outcomes, 1980 – 95. *Journal of Banking and Finance*, 2000, 24: 1933 – 1957

[126] Rousseau P. and Wachtel P. Financial Intermediation and Economic Performance: Historical Evidence From Five Industrialized Countries. *Journal of Money, Credit,*

and Banking, 1998, 30: 657 – 678

［127］Rousseau, Peter L. and Wachtel, Paul. Economic Growth and Financial Depth: Is the Relationship Extinct Already? World Institute for Development Economic Research, Working Papers, 2005, 10

［128］Saint – Paul G. Demand – Driven Financial Development. In: N. Hermes and N. Lensink R, *Financial Development and Economic Growth*, London, Routledge, 1996

［129］Saint – Paul G. Technological Choice, Financial Markets and Economic Development. *European Economic Review*, 1992, 36: 763 – 781

［130］Santomero A. M. Is there An Optimal Size for the Financial Sector? *Journal of Banking and Finance*, 2000, 24: 945 – 965

［131］Shahbaz M. and Islam F. Financial Development and Income Inequality in Pakistan: An Application of ARDL Approach ［J］. *Journal of Economic Development*, 2011, 36 (1): 65. 80.

［132］Shaw E. S. *Financial Deepning in Economic Development*. New York: Oxford University Press, 1973

［133］Sirri E. R. and P. Tufano. The Economics of Pooling. In: *The Global Financial System: A Functional Approach*, Eds: D. B. Crane, et al. , Boston, MA: Harvard Business School Press, 1995, 81 – 128

［134］Stein J. C. Takeover Threats and Managerial Myopia. *Journal of Political Economy*, 1988, 96: 61 – 80

［135］Stiglitz J. and A. Weiss. Incentive Effects of Terminations: Applications to Credit and Labor Markets. *American Economic Review*, 1983, 73: 912 – 927

［136］Stiglitz J. E. Credit Markets and the Control of Capital. *Journal of Money, Credit and Banking*, 1985, 17: 133 – 152

［137］Stulz R. M. and R. Williamson. Culture, Openness, and Finance. *Journal of Financial Economics*, 2003, 70: 313 – 349

［138］Townsend R M. and K. Ueda. Financial Deepening, Inequality and Growth: A Model – Based Quantitative Evaluation. *Review of Economic Studies*, 2006, 73: 251 – 293

［139］Wachtel P and P. Rousseau. Financial Intermediation and Economic Growth:

A Historical Comparison of the U. S. , U. K. and Canada. In: *Anglo – American Finance*, Ed: M. Bordo and R. Sylla, Burr Ridge, 1995

[140] Williamson S. D. and R. Wright. Barter and Monetary Exchange under Private Information. *American Economic Review*, 1994, 84: 104 – 123

[141] World Bank. Finance for All? Policies and Pitfalls in Expanding Access. Policy Research Report, Washington D. C. : World Bank, 2007

[142] Wright R. E. *The Wealth of Nations Rediscovered: Integration and Expansion in American Financial Markets*, Cambridge, UK: Cambridge University Press, 2002, 1780 – 1850

[143] Zhang Jun, Guanghua Wan, Yu Jin. The Financial Deepening – Productivity Nexus in China: 1987 – 2001. *Journal of Chinese Economic and Business Studies*, 2007, 5: 37 – 49

[144] 曹啸，吴军. 我国金融发展与经济增长关系的格兰杰检验和特征分析. 财贸经济，2002，(5)：10 – 43

[145] 陈昌兵. 各地区居民收入基尼系数计算及其非参数计量模型分析. 数量经济技术经济研究，2007，(1)：133 – 142

[146] 单德朋、郑长德、王英，金融可得性、信贷需求与精准扶贫的理论机制及研究进展，西南民族大学，2016，(7)：127 – 134

[147] 范学俊. 金融政策与资本配置效率. 数量经济技术经济研究，2008，(2)：3 – 15

[148] 韩廷春. 金融发展与经济增长：经验模型与政策分析. 世界经济，2001，(6)：3 – 9

[149] 韩廷春. 金融发展与经济增长——理论、实证与政策. 北京：清华大学出版社，2002

[150] 胡德宝、苏基溶. 金融发展拉大收入差距了吗？——基于省级动态面板数据的实证研究 [J]. 中央财经大学学报，2015，(10)：23 – 31.

[151] 胡宗义，宁光荣. 资本市场对我国经济增长贡献的研究. 湖南大学学报，2004，(3)：35 – 38

[152] 胡祖光. 基尼系数理论最佳值及其简易计算公式研究. 经济研究，

2004，（9）：60－69

[153] 赖明勇，包群，彭水军，张新．外商直接投资与技术外溢：基于吸收能力的研究．经济研究，2005，（8）：95－105

[154] 李翅，扶贫开发地区的金融发展思路，国际金融，1997，（1）：37－39

[155] 李秀敏．人力资本、人力资本结构与区域协调发展——来自中国省级区域的证据．华中师范大学学报（人文社会科学版），2007，（3）：45－54

[156] 刘霞辉．论中国经济的长期增长．经济研究，2003，（5）：41－47

[157] 刘云生．农村金融与反贫困：理论、实证与政策［M］．经济科学出版社，2010，：258－260

[158] 卢峰，姚洋．金融压抑下的法治、金融发展和经济增长．中国社会科学，2004，1：42－55

[159] 鲁晓东．收入分配、有效要素禀赋与贸易开放度：基于中国省际面板数据的研究．数量经济技术经济研究，2008，（4）：53－64

[160] 陆磊，金融扶贫的发展理念、政策措施及展望，武汉金融，2016，（7）：4－6

[161] 陆铭，陈钊，万广华．因患寡，而患不均——中国的收入差距、投资、教育和增长的相互影响［J］．经济研究，2005，（12）：4－14.

[162] 米建国，李建伟．我国金融发展与经济增长关系的理论思考与实证分析［J］．管理世界，2002，（4）：23－30

[163] 世界银行．金融与增长——动荡条件下的政策选择．北京：经济科学出版社，2001

[164] 孙力军．金融发展，FDI与经济增长．数量经济技术经济研究，2008，（1）：3－14

[165] 孙永强，万玉琳．金融发展、对外开放与城乡居民收入差距——基于1978－2008年省际面板数据的实证分析［J］．金融研究，2011，（1）：28－39.

[166] 谈儒勇．中国金融发展和经济增长关系的实证研究．经济研究，1999，（10）：53－61

[167] 万寿桥，李小胜．中国资本市场与经济增长关系的脉冲响应分析．财经研究，2004，（6）：104－113

［168］王征，鲁钊阳．农村金融发展与城乡收入差距——基于我国省级动态面板数据模型的实证研究，2011，（7）：55－62.

［169］卫兴华，侯为民．中国经济增长方式的选择与转换途径．经济研究，2007，（7）：15－22

［170］吴敬琏．中国增长模式抉择．上海：上海远东出版社，2005

［171］谢平．中国金融资产结构分析．经济研究，1992，（11）：40－48

［172］阳佳余，赖明勇．金融发展与基于水平创新的内生增长模型．中国管理科学，2007，（2）：21－27

［173］阳小晓，赖明勇．FDI与技术外溢：基于金融发展的理论视角及实证研究．数量经济技术经济研究，2006，（6）：72－81

［174］杨俊，李晓羽，张宗益．中国金融发展水平与居民收入分配的实证分析［J］．经济科学，2006，（2）：23－33.

［175］杨俊，王燕，张宗益．中国金融发展与贫困减少的经验分析［J］．世界经济，2008，（8）：62－76.

［176］姚耀军．金融发展与城乡收入差距关系的经验分析［J］．财经研究，2005，（2）：49－59.

［177］叶志强．金融发展能减少城乡收入差距吗？——基于中国的证据［J］．金融研究，2011，（2）：42－56.

［178］易纲，宋旺．中国金融资产结构演进：1991－2007．经济研究，2008，（8）：4－15

［179］余永定．M2/GDP的动态增长路径．世界经济，2002，（12）：3－13

［180］张博，胡金焱．民间金融发展能减少城乡收入差距吗？——基于中国省级动态面板数据的实证研究［J］．山东大学学报，2014，（6）：67－78.

［181］张杰．中国的高货币化之谜．经济研究，2006，（6）：59－69

［182］张杰．中国国有金融体制变迁分析．北京：经济科学出版社，1998

［183］张军，金煜．中国的金融深化和生产率关系的再检验：1987－2001．经济研究，2005，（11）：34－45

［184］张军．资本形成、工业化与经济增长：中国的转轨特征．经济研究，2002，（6）：3－13

[185] 张平. 在增长的迷雾中抉择：行难知亦难. 经济研究, 2006, (2): 120 - 125

[186] 张兴胜. 经济转型与金融支持. 北京：社会科学文献出版社, 2002

[187] 章奇, 刘明兴, Chen, 陶然. 中国金融中介与城乡收入差距 [J]. 中国金融学, 2004, (1): 71 - 99.

[188] 中国经济增长与宏观稳定课题组. 金融发展与经济增长：从动员性扩张向市场配置的转变. 经济研究, 2007, (4): 4 - 17

[189] 中国经济增长与宏观稳定课题组. 劳动力供给效应与中国经济增长路径转换. 经济研究, 2007, (10): 4 - 16

[190] 中国人民银行支付结算司. 中国支付体系发展报告 (2006). 北京：中国金融出版社, 2007

[191] 中国社科院经济所经济增长前沿课题组. 高投资、宏观成本与经济增长的持续性. 经济增长, 2005, (10): 12 - 23

[192] 中国社科院经济所经济增长前沿课题组. 开放中的经济增长与政策选择. 经济增长, 2004, (4): 4 - 15

[193] 中国社科院经济所增长与宏观稳定课题组. 干中学、低成本竞争机制和增长路径转变. 经济研究, 2006, (4): 4 - 14

[194] 周立. 中国各地区金融发展与经济增长 (1978 - 2000). 北京：清华大学出版社, 2004

[195] 朱波. 金融发展与内生增长：理论及基于中国的实证研究. 成都：西南财经大学出版社, 2007

[196] 朱兆文, 金融扶贫的着力点——以重庆市为例, 中国金融, 2015, (23): 82 - 83

后　记

　　本书是我们两人的合著，也见证了我们多年的学术合作和朋友情谊。最近几年内，我们合作在《金融研究》《国际金融研究》等期刊发表多篇论文，关注金融界的热点理论和实践问题，共同在学术上成长，是一件快乐的事情。

　　本书的面世最先要感谢我们这个伟大的时代。中国正面临着急剧的转型，经济社会发生着深刻的变化。当前，中国正在推进一场声势浩大的反贫困运动，反贫困目标如果顺利完成，将成为人类发展历史上的壮举载入史册。

　　各地方政府在落实扶贫任务时，创新了各种扶贫举措，其中河北阜平的"金融扶贫"的实践可圈可点。为收集一手资料，本书作者利用暑假时间，带领中国人民大学中法学院的周启曜、时可任等同学赴阜平县等地作了深入的实地调查。习总书记于2012年12月29到30日考察了阜平的扶贫工作，后来于2013年11月3日考察了湘西自治州花垣县的十八洞村。我们重温了习近平总书记的考察路线，先后到阜平调研金融扶贫和湘西的"精准扶贫"，心灵受到了洗礼。在案例开发过程中，周启曜、时可任同学做了大量工作，体现了"人大"学子厚实的功底和素质。本调查研究也得到了中国人民大学国家发展与战略研究院的课题资助，在此表示感谢。

在阜平调研的过程中，阜平县县委书记郝国赤同志、县政府常务副县长戴鹏炜同志给予了很多支持。郝书记从百忙中抽出时间接受了我们的访谈，使我们对阜平金融扶贫有了更深入的认识。鹏炜县长帮助热心联系阜平县金融办、金融机构、农业口部门、乡镇等机构和相关人员，使我们的调研开展得非常顺利。在湘西调研过程中，挂职自治州州长助理的博士同学葛红玲教授也提供了很多帮助。此外，渤海新区党工委书记兼管委会主任张国栋同志一直关心着我的个人进步和发展，他以直接及间接的方式给我们提供了很多帮助，在此一并表示衷心感谢。通过深入农户家中和田间地头的所见所闻，我们感受到，阜平这块革命热土和湘西这块神奇的民族地区均掀起了扶贫"攻坚战"的高潮，扶贫效果已初现端倪。

当然，中国的反贫困和金融扶贫仍然在路上，一些问题还需要理论上新的突破以及实践上新的创新。但我们深信，有我们中国特色社会主义的制度优势，反贫困的道路是曲折的，但前途是光明的！

胡德宝　苏基溶

于 2016 年 11 月 8 日